공부를 하기 전에 알아야 할 것들

| 시와 에세이로 엮어낸 학습의 철학 |

공부를 하기 전에 알아야 할 것들

리얼리디얼(RealIdeal) 지음

좋은땅

머리말

흔히 학습을 '배움'이라고 생각한다. 배우는 일이 곧 공부라고 여긴다. 하지만 진짜 학습은 '익힘'에서 완성된다. 배우기만 하고 익히지 않으면, 지식은 금세 사라지기 때문이다. 우리는 그 사실을 알면서도 자꾸만 잊는듯하다. 공부가 늘 어렵고 지식이 늘 낯선 이유일 것이다.

학습자에게 공부란, '배움'과 '익힘'이 맞물리는 행위이다. 배움은 타인의 지식을 내 앞에 불러오는 일이고, 익힘은 그 지식을 내 안에 뿌리내리게 하는 일이다. 많이 배워도 내 것이 되지 않는 이유는 내 앞에 불러온 지식을 내 안에 담지 못했기 때문이다. 배움이 깊은 생각으로 익혀지지 않았기 때문이다.

이 책은 그런 학습의 본질을 탐구한다. 배움과 익힘의 구조, 이해와 적용의 순환, 기억과 망각의 원리, 읽기와 사고의 흐름까지, 학습이란 무엇이고 어떻게 완성되는지를 하나씩 밝혀 간다.

학습은 성적을 위한 기술이 아니다. 세상을 이해하고, 나를 성장시키는 철학적 행위이기 때문이다. 이 책은 그 철학을 말한다. 어떤 학습도 '익힘' 없이는 완성되지 않는다. 이 단단한 사실은 비단 학생뿐만 아니라, 세상 속에서 자신의 세상을 만들어 가고 있는 우리 모두가 평생 새기고 살아야 할, '학습의 철학'이다.

2025년 여름
리얼리디얼_RealIdeal

목차

머리말 5

Chapter 0
공부

- 공부와 지식   12
  - 지식 창조의 연구, 지식 습득의 학습   14
- 연구와 학습   16
  - 공부의 두 축   18

Chapter 1
학습의 시작

- 첫 번째 학습   22
  - 우리는 배움을 어떻게 시작했는가?   24
- 배움과 익힘   28
  - 타인의 지식을 나의 지식으로   30
- 학(學)과 습(習)   34
  - 배움과 익힘의 흐름   36

- 생각과 표현   38
  앎을 향한 길   40
- 이해와 적용   42
  학습의 순환   44
- 전달과 수용   46
  지식의 전달과 독해력   48
- 기억과 망각   52
  배움의 씨앗을 키우는 일   54
- 주관과 객관   56
  나만의 집을 짓는 학습   58

Chapter 2

학습의 도구

- 정의와 개념   62
  개념의 소속과 특성   64
- 개념과 정의   68
  세상의 한 조각을 인식으로   70
- 비교와 대조   74
  하나를 더 잘 알기 위한 방법   76
- 설명과 설득   80
  텍스트의 확장과 학습의 진화   82
- 설득과 동의   86
  "너와 같은 생각이다"라는 함정   88

- 주장과 근거   92
  설득의 구조를 이해하기   94
- 정(正)과 반(反)   98
  흔들리며 나아가는 지식   102
- 정(正)과 반(反) 그리고 합(合)   104
  학문의 걸음   106

Chapter 3

학습의 작동

- 문학과 비문학   110
  텍스트의 두 얼굴   112
- 시와 소설   114
  시는 멈추고 소설은 걷는다   116
- 이성과 감성   118
  머리와 마음이 함께 이끄는 힘   120
- 이성과 감정   122
  사유는 감정을 건너간다   124
- 감성과 공감   126
  마음을 잇는 힘   128
- 감정과 상상력   130
  이야기가 키우는 마음의 힘   132
- 앎과 실천   136
  이해에서 행동으로 나아가는 길   138

- 앎과 지혜 140
  삶을 통과해 마음에 닿은 배움 142

Chapter 4
교과별 학습

- 독해와 분석 146
  글을 읽는 두 개의 창 148
- 요약과 비평 152
  글의 심장을 찾아 숨결을 불어 넣기 154
- 이해와 암기 156
  외국어 공부의 두 날개 158
- 문법과 활용 162
  언어를 배우는 뼈대와 근육 164
- 이해와 숙달 168
  수학 공부의 두 걸음 170
- 풀이와 검토 174
  답을 넘어 사고를 키우는 여정 176
- 관찰과 해석 180
  세상을 읽는 두 개의 눈 182
- 이론과 실험 186
  생각과 현실이 만나는 자리 188
- 사실과 가치 192
  세상을 읽는 두 가지 질문 194

- 구조와 변화   198
    사회를 읽는 두 개의 지도   200

Chapter 5

학습의 내면

- 읽기와 쓰기   204
    입에서 손끝으로 이어지는 학습   206
- 집중과 동기   210
    학습을 움직이는 힘   212
- 질문과 몰입   214
    질문에서 몰입으로 타오르다   216
- 습관과 의지   218
    공부를 지속하는 또 하나의 힘   220
- 호기심과 보상   222
    학습을 이끄는 두 개의 힘   224
- 성장과 확인   226
    점수 너머의 증거   228
- 권리와 의무   230
    교육을 받아야 하는 의무   232

작가의 말   234

공부와 지식

지식(知識),
인간과 사회 그리고 자연에 관한 정보들.

지식을 만드는 일이 연구,
지식을 배우는 일이 학습,
연구와 학습이 공부.

먼저 할 공부는 학습,
기존의 지식을 배우고 익히는 공부.
지식을 쌓으며 더불어
사고의 방법을 터득하는 단계.

충분한 지식과 뛰어난 사고력,
학습 단계를 이겨 낸 자에게 허락되는
영광의 전리품,
다음 공부를 위한 필수적 소양.

끝내 할 공부는 연구,
기존의 지식을 의심하고
새로운 지식을 찾아내는 공부,
인류의 문명에 기여하는 단계.

그렇게
넓어지는 지(知),
그렇게
깊어지는 식(識).

📖 지식 창조의 연구, 지식 습득의 학습

지식은 인간과 사회, 자연에 관한 다양한 정보의 집합이다. 기존에 축적된 이러한 지식을 얻는 일을 학습이라 한다. 반면, 새로운 지식을 발견하는 일을 연구라 부른다. 학습과 연구는 함께 공부를 이루지만, 그 시작은 학습에 있다. 공부의 본질을 이해하려면 먼저 학습과 연구의 차이를 인식해야 한다.

먼저 할 공부는 학습이다. 학습자는 이미 존재하는 개념과 기술을 배우고 익힌다. 이 과정에서 사고의 방법을 터득하고, 지식을 체계적으로 쌓게 된다. 이해와 습득이 충분히 이뤄질 때, 사고력도 함께 성장한다. 학습을 통해 자기 안에 튼튼한 지식 기반이 마련되어야 연구로 나아갈 힘이 생긴다. 기초를 다지지 않은 채 연구를 시도하면 혼란과 오류가 발생하기 쉽다.

학습 단계를 충실히 거친 사람에게는 더 큰 도전이 주어진다. 충분한 지식과 뛰어난 사고력은 다음 공부를 위한 필수적 소양이 된다. 이때 단순히 정보를 암기하는 수준을 넘어, 깊은 이해가 요구된다. 탄탄한 학습이 쌓였을 때, 비로소 영광의 전리품처럼 연구의 문이 열린다. 학습을 이겨 낸 자가 연구자로 발돋움할 기회를 얻는다. 모든 변화와 창조는 이 단계를 통과한 이후에야 가능해진다.

끝내 할 공부는 연구다. 연구는 기존 지식을 의심하고, 새로운 가설과 이론을 탐색하는 과정이다. 실험과 관찰을 통해 인류가 가진 지식의 폭을 넓힌다. 이 단계에서 지식의 패러다임이 뒤바뀔 수도 있고, 전혀 다른 분야로 확장될 수도 있다. 연구자는 독창적인 사고와 탐구 정신으로 문명의 발전에 기여한다. 그래서 연구는 학습과는 또 다른 차원의 깊이와 책임을 갖는다.

공부는 학습에서 시작해 연구로 이어지는 여정이다. 넓어지는 지(知)는 다양한 분야의 정보를 체계적으로 습득함을 의미한다. 깊어지는 식(識)은 익힌 지식을 바탕으로 새로운 시각을 개발할 수 있음을 표현한다. 이 두 측면이 조화를 이룰 때, 진정한 공부가 완성된다. 학습 없는 연구는 존재할 수 없고, 연구 없는 학습은 발전이 어렵다. 공부의 단계가 순조롭게 이어질 때, 개인의 성장뿐 아니라 인류의 문명도 함께 성장한다.

연구와 학습

연구와 학습,
공부를 구성하는 두 요소.
누군가가 공부를 한다면
이 둘 중 한 가지를 한다는 것.

연구는
새로운 지식을 밝혀내는 일,
인간, 사회, 자연 속에 숨어 있던 지식을
새롭게 찾아내는
학자들의 일.

학습은
밝혀진 지식을 배우고 익히는 일,
학자들이 밝혀낸 지식을
배우고 익히는
학생들의 일.

학자의 연구로 밝혀진 지식,
학생의 학습으로 넓혀진 상식.

상식이 된 지식은
개인의 역량을 키우고,
사회의 품격을 높이고,
문명의 발전을 부른다.

공부하는 두 사람.
연구하는 학자와
학습하는 학생.

충분한 학습은
탁월한 연구의 필요조건.

과거의 학자가 밝힌 지식을
현재의 학생이 학습하고,
현재의 학자가 새롭게 밝힌 지식을
미래의 학생이 학습하고.

결국, 공부란
세대와 세대가 잇는
인류의 협업.

📖 공부의 두 축

공부는 연구와 학습으로 이루어진다. 연구는 새로운 지식을 발견하는 과정이며, 학습은 밝혀진 지식을 받아들이는 과정이다. 누군가 공부를 하고 있다면, 그는 연구를 하거나 학습을 하고 있는 것이다. 연구자는 지식을 탐구하며, 학생은 지식을 익힌다. 연구가 없다면 배울 것이 없고, 학습이 없다면 지식은 사장된다. 연구와 학습은 상호 의존하며, 함께 이루어질 때 학문이 발전한다.

연구는 학문의 출발점이다. 학자들은 인간, 사회, 자연 속에 숨겨진 원리를 탐구한다. 기존의 이론을 검토하고, 새로운 가설을 세우며, 실험과 분석을 통해 지식을 확장한다. 연구를 통해 밝혀진 개념들은 학문적 검증을 거쳐 체계화된다. 그러나 연구는 연구자 개인의 발견에서 끝나지 않는다. 연구의 가치는 그 지식이 학습을 통해 전수될 때 완성된다. 연구는 학문의 생성 과정이며, 학습이 이를 이어 가는 역할을 한다.

학습은 연구된 지식을 받아들이고 확장하는 과정이다. 학생들은 연구자들이 밝힌 개념을 배우며 사고의 틀을 형성한다. 그러나 학습은 단순한 암기가 아니다. 학습을 통해 학생들은 개념을 연결하고, 지식을 활용하며, 새로운 사고를 확립한다. 연구가 없다면 학습할 지식이 없고, 학습이 없다면 연구된 지식이 활용되지 못한다. 학습은 연구의 결과를 전수하는 동시에, 연구의 기반을 다지는 역할을 한다.

연구와 학습이 연결될 때 지식은 사회에 영향을 미친다. 연구를 통해 밝혀진 개념이 학습을 통해 확산되면서 상식이 된다. 상식이 확립될 때 사회의 지적 수준은 높아지고, 문명의 발전이 이루어진다. 과거의 연구가 오늘의 학습이 되고, 오늘의 학습이 내일의 연구로 이어진다. 한 세대의 연구가 다음 세대의 학습으로 계승될 때, 학문은 단절되지 않고 지속된다. 연구와 학습이 연결되는 것이 곧 문명의 진보이다.

결국, 공부는 세대를 잇는 협업이다. 연구하는 학자가 새로운 지식을 밝혀내고, 학습하는 학생이 그 지식을 익히며 사고를 확장한다. 오늘의 학생은 내일의 연구자가 되고, 내일의 연구자는 다시 지식을 남겨 미래의 학생에게 전달한다. 이 과정이 반복되면서 학문은 성장하고, 사회는 발전한다. 연구와 학습은 단절된 활동이 아니라, 지식을 이어 가는 과정이며, 인류 문명을 지속시키는 공부의 두 축이다.

Chapter 1

학습의 시작

첫 번째 학습

"사과."

온화한 얼굴로
그림책의 한 부분을
손가락으로 가리키며
아이에게 말하는 엄마.

엄마에 집중하는 아이는
낯설고 어색한 글자를
눈에 담습니다.
낯설고 어색한 소리를
귀에 담습니다.

"천천히 따라 해 보렴."

눈에 담은 글자의 모양을
손가락에 힘을 주어 따라 씁니다.
귀에 담은 글자의 소리를
입안에서 천천히 따라 냅니다.

천천히, 또박또박.

손끝으로 써 보니
조금씩 익숙해지는
"사과"라는 글자.

마음속으로 되뇌니
조금씩 형성되는
"사과"의 의미.

이제 자연스럽게,
손끝에서, 입속에서 흘러나오는
"사과".

이제 아이는 스스로
이 글자를
읽고, 쓰고, 말할 수 있습니다.

배우고, 익혀서
마음에 담는
첫 번째 학습.

📖 우리는 배움을 어떻게 시작했는가?

많은 사람들은 학습을 어렵고 부담스러운 일로 생각한다. 하지만 그 시작점을 돌아보면, 그 생각은 조금 달라질 수 있다. 조용한 오후, 작은 방 안. 엄마의 손가락이 그림책 속 '사과'를 가리키고, 아이는 그 손가락과 목소리에 온 마음을 기울인다. 이 장면은 단어를 넘어서, 세상을 이해하는 출발점이 된다. 아이는 엄마의 말과 행동을 통해 외부에 어떤 지식이 존재한다는 사실을 처음으로 감지한다. 바로 이 순간, 학습은 시작된다.

눈으로는 글자의 모양을 따라가고, 귀로는 낯선 발음을 담아낸다. 손으로는 연필을 쥐고 서툰 선을 그려 보며, 입으로는 어설픈 소리를 따라 읽는다. 이 모든 행위는 단순한 감각적 움직임이 아니다. 감각들이 유기적으로 연결되어 작동하는 총체적 인지의 순간이다. 아이는 단어 하나를 따라 하면서도, 머릿속에서는 복잡한 신경 회로가 깨어나고, 새로운 인지 구조가 조심스럽게 만들어진다.

여기서 중요한 건, 이 학습의 시작이 '관계' 안에서 일어나고 있다는 사실이다. 아이는 책만 보고 있는 게 아니다. 엄마의 눈빛과 목소리, 표정과 따뜻한 말투에 집중한다. 아이가 신뢰하는 사람의 언어이기 때

문에, 낯선 단어도 수용할 수 있다. 초기 학습에서는 내용보다 '정서적 안정'이 더 큰 힘을 발휘한다. 사랑받는다는 느낌, 실수해도 괜찮다는 허용, 천천히 해도 괜찮다는 기다림. 이것들이 학습의 정서적 기반이 된다. 학습에서 감정은 결코 부차적인 요소가 아니다.

무엇보다 중요한 건, 이 과정을 통해 아이의 인식 세계가 확장된다는 점이다. 처음엔 글자의 모양이 전부였지만, 반복되는 쓰기와 말하기를 통해 그 글자는 사과의 맛, 색, 냄새와 연결된다. 결국엔 하나의 개념으로 자리 잡는다. 글자는 기억의 대상이 아니라 이해의 매개가 된다. 눈에 보이는 문자가, 머릿속 세계를 구성하는 도구로 바뀌는 순간이다.

그리고 어느 날, 아이는 혼자서 '사과'를 읽고, 쓰고, 말할 수 있게 된다. 이건 단순한 기술의 획득이 아니다. 타인의 지식을 스스로 익히고, 자기의 언어로 바꾸는 능력이 자리 잡았다는 뜻이다. 배움과 익힘이 자연스럽게 연결되어, 진정한 학습이 완성되는 순간이다. 추상적인 '이해'라는 개념이 손끝과 입술을 통해 구체화되는 바로 그 지점이다.

첫 번째 학습은 소소했다. 그것은 작은 몸짓, 낮은 목소리, 반복되는 시도 속에서 천천히 일어났다. 그것은 정답을 맞히는 과정이 아니었다. 그것은 무언가의 의미를 자기 안에 담는 과정이었다. 우리 모두가 경험한 '첫 번째 학습'은 그렇게도 단순하고도 위대했다. 단어 하나, 문장 하나, 말 한마디 속에서 세계가 확장되었다. 인간인 우리가 지금도 매일, 배우고 익혀야 하는 이유다.

배움과 익힘

학습의 시작은 배움,
학습의 끝은 익힘.

배움의 결과,
내 앞에 와 있는
타인의 지식.

타인의 지식은 남의 지식,
나의 지식이 결코 아니다.

타인의 지식을
나의 지식으로 만들
단 하나의 과정,
그것이 익힘.

익힘의 척도는 이해(理解).

비교적 쉽게

이치를 깨닫는 경우는

내 앞에 놓인 지식과

내가 가진 지식의 얼개가 비슷할 때,

지식이 많을수록

이해가 수월한 이유.

좀처럼

이치를 깨닫기 어려운 경우는

내가 가진 지식의 얼개 중에서

내 앞에 놓인 지식과 비슷한 것이 없을 때.

새로운 영역의 지식일수록

이해가 어려운 이유.

📖 타인의 지식을 나의 지식으로

공부는 늘 이 두 단어 사이를 오간다. 배움과 익힘. 학습의 시작은 배움이고, 학습의 완성은 익힘이다. 배움이란 세상에 이미 존재하는 지식을 내 앞에 가져오는 과정이다. 교과서, 선생님, 책, 영상. 그 안에 담긴 것은 타인의 지식이다. 누군가가 이미 발견하고, 정리하고, 설명해 놓은 지식. 하지만 그것은 아직 나의 것이 아니다. 그저 내 앞에 놓여 있을 뿐이다. 배움은 지식을 내 앞에 데려오는 일이다.

문제는 그다음이다. 타인의 지식은 여전히 남의 지식이다. 그 지식을 그냥 보고 듣는다고 해서 곧바로 내 것이 되지 않는다. 남의 지식을 나의 지식으로 만드는 과정이 필요하다. 그 과정이 바로 익힘이다. 익힘은 배운 것을 몸에 새기는 일이다. 머릿속에 넣는 것만이 아니라, 생각하고 연결하고 설명할 수 있도록 만드는 일이다. 익힘은 배운 것을 내 언어로, 내 방식으로 다시 말할 수 있을 때 완성된다. 익힘 없는 배움은 금방 사라진다.

익힘의 척도는 이해다. 이해는 단순히 알았다는 느낌이 아니다. 이해는 그 안에 담긴 이치(理)를 깨닫는 일이다. 어떤 원리로 그렇게 되는지, 어떤 규칙이 숨어 있는지 깨닫는 것이다. 그런데 이해가 잘될 때와 그렇지 않을 때가 있다. 왜 그럴까? 이해가 잘되는 때는 내 안에 이미 비슷한 지식의 틀(얼개)이 있을 때다. 새롭게 배운 내용과 기존 지식의 구조가 비슷하면 쉽게 연결된다. 지식이 많을수록 이해가 빠른 이유는 바로 이 때문이다.

반대로 이해가 어려울 때도 있다. 그럴 땐 내 안에 비슷한 틀이 없기 때문이다. 전혀 다른 영역의 지식, 전혀 다른 방식의 설명. 익숙하지 않은 분야일수록 이해는 더디다. 아무리 반복해도 연결될 지점이 없으니 낯설다. 익힘이 힘든 이유는 내 안에 연결할 수 있는 기반이 부족하기 때문이다. 그래서 새로운 영역을 배울 땐 시간과 노력이 더 필요하다. 낯선 것을 익숙하게 만드는 시간이 필요하다.

결국 배움과 익힘은 서로 다른 과정이면서도 하나의 흐름이다. 배움은 세상에 있는 지식을 내 앞에 가져오는 일, 익힘은 그 지식을 내 안에 뿌리내리게 하는 일. 배움만 하고 익힘을 하지 않으면 지식은 남의 지식으로 남는다. 익힘까지 가야 비로소 그 지식이 내 것이 된다. 그래서 공부는 단순히 배우는 일이 아니다. 배운 것을 익히는 것까지가 공부다.

다음에 무언가를 배울 때 이렇게 물어보자. "나는 이걸 내 지식으로 만들었는가?" 배우는 것으로 그치지 말고 익히는 데까지 나아가자. 배움과 익힘, 이 두 단어 사이의 거리를 좁히는 일. 그게 공부의 본질이다. 그리고 그 거리를 좁혀 나갈수록 우리는 더 깊고 단단한 지식을 얻게 된다.

학(學)과 습(習)

학습(學習)은
배움(學)과 익힘(習).

배움은
타인의 지식을 전달받는 일.
책 속의 텍스트로부터,
누군가의 강의로부터,
새로운 지식과 마주하는 일.

배움은
새로운 물건을 사는 것과 비슷한 일.
오프라인 매장에서 직접,
온라인 매장에서 택배로,
새로 구입한 물건과 마주하는 것과 비슷한 일.

배움은 학습의 전반전,
미완성의 학습.
포장재를 뜯지 않은 새 물건.

이제, 익힘이 필요한 시간.

익힘은 학습의 후반전,
학습의 완성.
내 몸에 맞춰진 내 물건.

설명서를 읽어 보고 이리저리 만져 보며
새 물건을 내 몸에 맞추는 것처럼,
마주한 지식을 곰곰이 따져 봐서
내 지식으로 전환하는 일,
내 언어로 정리하는 일.

이제, 활용이 가능한 시간.

📖 배움과 익힘의 흐름

공부는 한 단어로 정의되지 않는다. 학습(學習)이라는 말 안에는 배움(學)과 익힘(習)이 함께 들어 있다. 배움은 타인의 지식을 전달받는 과정이다. 책 속의 문장을 통해, 선생님의 강의를 통해, 우리는 새로운 지식을 만난다. 이전에는 알지 못했던 개념, 낯선 용어, 신기한 사실들이 나를 찾아온다. 배움은 세상이 나에게 주는 선물이다. 하지만 이 선물은 아직 포장된 상태다. 겉으로는 손에 쥐었지만, 속은 아직 나의 것이 아니다.

배움은 새로운 물건을 사는 일과 닮았다. 직접 매장에서 물건을 고르거나, 온라인으로 주문해 택배로 받아 보는 일. 그렇게 손에 들어온 물건을 바라보며 설레는 기분을 느낀다. 하지만 포장지를 벗기지 않으면, 물건의 진짜 모습은 알 수 없다. 배움은 학습의 전반전이다. 새 물건이 손에 들어왔을 뿐, 아직 사용법을 모른다. 새것의 빛은 반짝이지만, 내 삶에 맞게 쓰이기 위해선 익숙해지는 과정이 필요하다.

그래서 익힘이 필요하다. 익힘은 타인의 지식을 내 것으로 만드는 과정이다. 마주한 지식을 곱씹고, 이해하고, 내 언어로 다시 정리한다. 설명서를 읽고, 물건을 직접 만져 보며 사용법을 익히는 것과 같다. 이 과정 속에서 처음의 낯섦은 서서히 친숙함으로 바뀐다. 익힘은 연습이고 반복이다. 익힘은 학습의 후반전이다. 전반전의 배움을 완성하고, 배운 것을 몸에 스며들게 한다. 그렇게 익힘은 내 안의 새로운 능력으로 자리 잡는다.

배움 없이 익힘은 불가능하다. 익힘 없이 배움은 미완성이다. 두 과정은 서로를 필요로 한다. 배움은 지식의 입구이고, 익힘은 지식의 집이다. 배움은 타인의 세계로 들어가는 문이고, 익힘은 그 세계를 내 안에 들이는 일이다. 이 둘이 만나야 학습은 완성된다. 배움과 익힘의 균형이 맞을 때, 우리는 지식을 '아는 것'에서 '쓸 수 있는 것'으로 바꾼다. 배움은 시작이고, 익힘은 완성이다.

그리고 그 완성 위에서, 우리는 비로소 활용의 문을 연다. 이제 지식은 머릿속 정보가 아니라, 삶을 움직이는 도구가 된다. 배움과 익힘이 만나야 비로소 지식은 현실로 나온다. 그렇게 내 안에 들어온 지식은 생각을 바꾸고, 선택을 바꾸고, 나의 하루를 바꾼다. 지식은 더 이상 책 안의 글자가 아니라, 내 손과 발의 움직임으로 나타난다. 배움과 익힘이 이어질 때, 학습은 하나의 흐름이 된다. 그 흐름은 점으로 끝나지 않고, 선으로 이어지고, 결국 나만의 지식의 지도로 확장된다. 그리고 그 지도 위에 서서 우리는 안다. 지식은 끝이 아니라, 또 다른 시작임을.

생각과 표현

길을 나서는 한 아이,
한 손에는 책 한 권,
다른 손에는 연필 하나.

길 위에서 만난 첫 번째 문
"읽기"

아이의 조용한 첫걸음.
글자를 따라가는 눈,
힘겹게 드러나는 의미.

다시 나선 길에서 만난 두 번째 문
"생각하기"

아이의 적극적인 뜀걸음.
이게 무슨 뜻이지?

다시 일어나 나선 길 위의 세 번째 문
"표현하기"

아이의 주도적인 춤추기.
공감, 동의, 비판의 춤사위.

마침내,
아이는 '앎'의 마을에 닿았다.

책을 놓고
이해를 들었다.

📖 앎을 향한 길

배움의 길은 마치 여행과 같다. 한 아이가 책 한 권과 연필 하나를 들고 길을 나선다. 책은 세상의 이야기를 담은 지도이고, 연필은 그 이야기에 자신의 발자국을 남기는 도구다. 아이의 손에는 아직 지식도, 기술도 없다. 다만 읽고 쓰고 생각하려는 마음이 있다. 그 마음이 아이를 앞으로 이끈다. 배움의 첫걸음은 그렇게 시작된다. 세상을 향해 나아가는 작은 발걸음이다.

길 위에서 아이는 첫 번째 문을 만난다. 그 문에는 "읽기"라고 쓰여 있다. 읽기는 글자를 따라가는 눈의 움직임이다. 처음에는 글자 하나하나가 낯설고 버겁다. 문장을 읽어도 무슨 말인지 쉽사리 다가오지 않는다. 하지만 계속 따라가다 보면 의미의 그림자가 희미하게 드러난다. 읽기는 조용하지만 강인한 첫걸음이다. 아이는 글을 통해 세상과 접속하기 시작한다.

조금 더 걸어가자 두 번째 문이 나타난다. 문에는 "생각하기"라고 적혀 있다. 아이는 이제 단순히 글을 읽는 데서 멈추지 않는다. "이게 무슨 뜻이지?" "왜 이렇게 말했을까?"라는 질문을 품는다. 읽은 글을 자기 안에서 다시 풀어 본다. 생각하기는 읽기에서 시작해 사고로 나아가는 과정이다. 글의 표면을 넘어서 의미의 뿌리를 찾는 탐구다. 아이의 걸음은 조금씩 더 빠르고 힘차게 뻗어 나간다.

 길은 다시 이어지고, 아이는 세 번째 문 앞에 선다. 그 문에는 "표현하기"라고 쓰여 있다. 이제 아이는 읽고 생각한 것을 밖으로 꺼내려 한다. 말로, 글로, 그림으로 자신의 생각을 표현한다. 공감하거나, 동의하거나, 때로는 비판한다. 표현하기는 내면의 생각을 바깥으로 펼치는 과정이다. 아이는 자신의 언어로 세상을 다시 쓰고 있다. 글을 받아들이는 사람이 아닌, 글을 만들어 내는 사람이 되어 간다.

 마침내 아이는 '앎'의 마을에 도착한다. 책을 손에서 내려놓고, 이해를 마음속에 들고 있다. 이제 책은 도구가 아니라 친구다. 연필은 기록이 아니라 생각의 연장이 된다. 읽기와 생각하기와 표현하기가 하나의 흐름으로 이어진 끝에 다다른 자리다. 아이는 이제 자기만의 앎의 집을 지어 가고 있다. 길은 끝나지 않는다. 새로운 문이 다시 아이를 기다린다. 그리고 그 문마다, 또 다른 앎의 풍경이 펼쳐질 것이다.

이해와 적용

학습은
이해, 기억, 적용의 순환.

이해는
새로운 개념을
내 세상에 받아들이는 단계,
그 의미를 파악하여
주변 개념과 연결한다.

기억은
새로운 개념이
이전의 개념 속에 자리 잡는 단계,
사방팔방 위아래로
연결되어 단단히 자리 잡는다.

적용은
기억한 개념을
현실에 펼치는 단계,
새로운 문제에 대입하고,
다른 개념과 결합한다.

그렇게 발생하는 창조,
새로운 개념의 탄생,
다시 시작하는 이해.

📖 학습의 순환

공부는 한 번으로 끝나지 않는다. 학습은 이해, 기억, 적용이라는 세 단계를 끊임없이 돌고 돈다. 이 세 단계는 직선이 아니라 원을 그리며 이어진다. 하나의 개념을 배우고 익히는 일은, 새로운 개념을 받아들이고 내 안에 자리 잡게 하고 다시 꺼내 쓰는 과정이다. 이 순환이 반복되면서 지식은 단단해지고, 사고는 깊어진다. 학습은 단순히 쌓는 일이 아니라, 순환하며 점점 더 넓고 깊어지는 과정이다.

이해는 학습의 첫걸음이다. 이해는 새로운 개념을 내 세계에 받아들이는 일이다. 단순히 외우는 것이 아니라 그 의미를 파악하고, 그것이 왜 중요한지, 어디에 쓰이는지 아는 것이다. 이해는 새로운 개념을 이미 알고 있는 개념들과 연결하는 과정이다. 연결되지 않은 개념은 내 것이 되지 못한다. 이해는 연결로 완성된다. 연결된 순간, 그 개념은 내 사고 안에 자리를 잡는다.

이해된 개념은 기억으로 옮겨진다. 기억은 개념이 내 안에 자리 잡는 단계다. 그냥 떠올리는 기억이 아니라, 사방팔방으로 다른 지식과 얽히고설킨 기억이다. 위아래로, 옆으로, 앞뒤로 연결된 기억은 쉽게 잊히지 않는다. 하나의 정보로 남는 게 아니라, 지식의 망 속에 박힌다. 기억은 단순히 암기의 결과가 아니다. 의미와 맥락 속에 배치될 때 비로소 오래 지속된다.

기억된 개념은 적용으로 이어진다. 적용은 기억한 개념을 현실의 문제에 가져다 쓰는 일이다. 문제를 풀고, 글을 쓰고, 다른 개념과 결합하며 새로운 상황에 대입한다. 적용은 이해와 기억이 실천으로 드러나는 순간이다. 단순히 아는 것을 넘어서, 아는 것을 쓰는 것이다. 적용은 지식의 활력이다. 적용하지 않는 지식은 잠든 지식에 머문다.

적용은 새로운 만남을 만든다. 기존의 개념과 새로운 문제의 결합, 다른 지식과의 연결, 낯선 상황 속의 대입. 이 과정에서 창조가 일어난다. 처음에 없던 길이 만들어지고, 없던 생각이 떠오른다. 창조는 기존의 이해와 적용이 만나서 태어난다. 그렇게 학습은 다시 이해로 돌아간다. 새로운 개념이 다시 들어오고, 다시 기억되고, 다시 적용된다. 학습은 끝없는 순환이다.

이 순환이 이어질수록 지식은 더 깊어진다. 한 바퀴 돌 때마다 더 넓은 원을 그리며 성장한다. 이해, 기억, 적용은 멈추지 않는 학습의 세 박자다. 이 세 박자가 이어질 때, 배움은 단순히 정보를 쌓는 일이 아니라 지식을 자신의 언어로 만들어 가는 여정이 된다. 그렇게 한 걸음, 또 한 걸음, 생각의 세계가 넓어진다. 배움은 멈추지 않는 길 위에 놓여 있다.

전달과 수용

지식의 원뿔 속
한구석을 새로 채운 지식,
새로운 지식을
텍스트에 옮기기,
지식 생산자의 역할 종료.

지식 생산 다음은 지식 전달

지식을 옮기는 일은
지식 소비자의 몫,
배우고 익히는 학습자의 역할.

책이 펼쳐지고
텍스트가 읽힐 때
그 속에 담겨 있던 지식이
시간을 넘고 공간을 건너
독자에게 전달된다.

하지만
전달된 지식은
사람마다
가지각색, 천차만별.

배우기 위한 읽기 능력이,
익히기 위한 사고 능력이
사람마다 다르기 때문.

그래서 중요한 개인의 독해력,
읽어서 얻은 정보를
사고로 이해하는 능력.

📖 지식의 전달과 독해력

지식은 혼자 만들어지지 않는다. 누군가는 생각하고, 연구하고, 정리해서 세상의 한 조각을 새로 채운다. 이 과정이 끝나면 그 지식은 책, 논문, 기사 같은 텍스트의 형태로 옮겨진다. 지식을 만드는 사람의 역할은 여기까지다. 더 나아가 그 지식을 어떻게 받아들일지는 읽는 사람의 몫이다. 지식을 만드는 이와 지식을 배우는 이는 같은 길 위 다른 위치에 선다. 그래서 지식은 단순히 만들어지는 게 아니라, 전달되는 과정이 필요하다.

지식 전달은 책을 통해, 강의를 통해, 텍스트를 통해 이루어진다. 지식이 글자로 변해 페이지 위에 놓인다. 그리고 책이 펼쳐지고, 글이 읽히는 순간, 그 안에 담긴 지식은 시간을 넘고 공간을 건너 독자에게 전해진다. 과거의 생각이 오늘의 독자에게 닿는다. 이때 글자는 단순한 기호가 아니라 지식을 싣고 움직이는 배가 된다. 지식 전달의 배는 이렇게 독자의 손에 건네진다.

하지만 이 배가 어디로, 어떻게 닿을지는 독자마다 다르다. 같은 책을 읽어도, 같은 글을 읽어도, 사람마다 받아들이는 것이 다르다. 어떤 이는 내용을 빠르게 이해하고, 어떤 이는 중요한 부분을 놓친다. 누군가는 깊이 생각하고, 누군가는 표면만 스쳐 지나간다. 같은 텍스트라도 각자 다른 해석, 다른 이해, 다른 느낌으로 흘러간다. 지식 전달은 단순한 복사가 아니다. 복사라면 누구나 같은 것을 얻어야 한다. 그러나 현실은 그렇지 않다.

그 이유는 개인의 독해력 때문이다. 독해력은 글자를 읽는 능력이 아니다. 글자 속에 담긴 정보를 사고로 바꾸는 능력이다. 문장을 따라가는 것만으로는 지식을 얻을 수 없다. 문장과 문장 사이, 의미와 의미 사이의 관계를 연결하고 해석할 수 있어야 한다. 독해력은 글 안의 지식을 내 머릿속 생각의 언어로 옮기는 능력이다. 이 능력이 부족하면 책 속의 지식은 머리에 들어오지 못하고 텍스트에만 머문다.

그래서 공부는 읽기에서 시작되지만, 읽기의 수준이 공부의 깊이를 좌우한다. 독해력은 지식을 옮겨 오는 다리다. 이 다리가 튼튼해야 지식이 온전히 넘어온다. 다리가 약하면 지식은 중간에 빠지고 만다. 읽고도 남는 게 없다는 건 다리가 무너진 탓이다. 그래서 독해력은 모든 공부의 바탕이다. 배우기 위해 읽고, 익히기 위해 사고하는 힘. 이 두 가지가 있어야 텍스트 속 지식이 진짜 나의 지식이 된다.

책 한 권을 읽는다는 건 단순히 페이지를 넘기는 일이 아니다. 책 속 지식을 내 안으로 옮겨 오는 과정이다. 그 과정에서 독해력이 일한다.

다음에 책을 읽을 때 이렇게 물어보자. "나는 이 글을 진짜 이해했는가?" 글을 따라가는 것에서 그치지 말고, 글 안의 생각을 나의 생각으로 바꿔야 한다. 그 순간, 텍스트는 더 이상 글자가 아니라 나만의 지식이 된다.

기억과 망각

세상의 토양 위에
배움의 씨앗을 뿌린다.
단기 기억의 씨앗들이
인식의 흙 위에 놓였다.

씨앗을 심자.
익힘의 삽을 갖고
인식의 흙 안으로
내 세상 속 깊숙하게 들이자.

심지 못한 씨앗들은
사라질 단기 기억들.
인식의 흙 속 영양분들과 연결되지 못해
말라비틀어져 소멸할 운명.

심어진 씨앗들은
영원할 장기 기억의 후보들.
흙에 뿌리내려 흙과 연결되고 발아하여
흙과 하나가 될 찬란한 운명.

기억의 뿌리를
이해의 땅에 내리는
익힘이라는 정교화 노력.

하지만
햇빛을 비추고,
기온을 맞추고,
수분을 보충하는
노력을 게을리하면
금세 뿌리는 마르고 새싹은 죽는다는 망각의 곡선.

배움의 씨앗을 싹틔워
찬란한 지식의 꽃을 피우는
익힘의 노력.

지속적으로, 구조적으로, 의미 있게,
햇빛을 비추고, 기온을 맞추고, 물을 줘야 한다.
당신의 세상을 어떻게 가꿀 것인가?

📖 배움의 씨앗을 키우는 일

공부는 마치 토양 위에 씨앗을 뿌리는 일과 닮아 있다. 우리는 수업을 듣고, 책을 읽고, 강의를 보며 수많은 정보의 씨앗을 머릿속에 뿌린다. 이 씨앗들은 처음에는 단기 기억이라는 이름으로 우리의 인식 위에 가볍게 놓인다. 아직 뿌리내리지 못한 상태, 그냥 흙 위에 얹어진 상태다. 씨앗이 많다고 해서 바로 싹이 트는 건 아니다. 진짜 공부는 그 씨앗을 땅속 깊이 심는 일로부터 시작된다.

씨앗을 심으려면 익힘이라는 삽이 필요하다. 단순히 외우는 것을 넘어서, 그 지식의 의미를 이해하고, 내 경험과 연결하고, 다른 지식과 엮어야 한다. 이 과정은 인식의 표면을 넘어 깊숙한 내 세계 속으로 지식을 들이는 작업이다. 그냥 쌓아두는 것이 아니라, 땅속에 심고 뿌리내리도록 돕는 일이다. 익힘 없이 머릿속에 얹혀 있는 지식은 금세 바람에 날아가 버린다. 외웠다고 느끼지만 다음 날이면 사라지는 이유가 여기 있다.

심지 못한 씨앗은 결국 망각의 운명을 맞는다. 흙 속 영양분과 연결되지 못해 말라비틀어진다. 반면, 제대로 심어진 씨앗은 장기 기억의 후보가 된다. 흙과 연결되고, 뿌리를 내리고, 발아하여 결국 토양의 일부가 된다. 머릿속에서 잠깐 떠다니던 정보가 내 인식의 구조와 연결되며 지식으로 자리 잡는 순간이다. 공부는 이 연결의 예술이다. 연결된 지식만이 살아남아 자란다.

하지만 씨앗을 심었다고 끝이 아니다. 햇빛을 비추고, 물을 주고, 온도를 맞추는 지속적인 관리가 필요하다. 한 번 심었다고 방치하면 뿌리는 금세 마르고 새싹은 죽는다. 이것이 망각의 곡선이다. 사람의 뇌는 시간이 지나면 자연스럽게 잊어버린다. 잊어버리지 않으려면 복습하고, 다시 보고, 다시 설명하며 햇빛과 물을 주어야 한다. 배움은 단순히 심는 게 아니라 돌보는 일이다.

공부의 목적은 씨앗을 많이 모으는 게 아니다. 씨앗을 잘 심고, 잘 키워 꽃을 피우는 데 있다. 씨앗이 많아도 돌보지 않으면 결국 잡초처럼 사라진다. 반면 몇 개의 씨앗이라도 정성껏 심고 키우면 찬란한 지식의 꽃을 피울 수 있다. 지속적으로, 구조적으로, 의미 있게 지식을 다뤄야 한다. 햇빛, 기온, 수분이 고르게 맞아야 한다. 공부는 결국 내 세상을 어떻게 가꿀 것인가의 문제다.

"나는 오늘 어떤 씨앗을 심었는가?"

"그 씨앗에 햇빛과 물을 주었는가?"

학습은 지식의 정원사로서 내 안의 땅을 돌보는 일이다. 그 돌봄 속에서 우리는 더 풍요롭고 아름다운 지식의 숲을 만들어 갈 수 있다.

주관과 객관

처음엔 내 방 한 칸.
회색 책상 하나, 회색 공책 하나,
나만의 기준으로 나만 쓰는 물건들.
그 안에서 나는
세상도, 사람도, 나 자신도
하나의 방식으로 이해했다.
나는 그게 전부인 줄 알았다.

책을 읽었다.
영상을 보았다.
선생님의 강의를 들었다.
친구들과 이야기를 나눴다.
굳게 닫혀 있었던 방문을
누군가 요란하게 두드리더니
결국, 문이 열렸다.

타인의 지식이 서 있었다.
힘들여 손을 내밀고 방안으로 들였다.

그러자 생긴

논리의 문, 반성의 창, 관점의 복도, 판단의 다락방.

책상 위에 새로 생긴 화려한 공책들.

회색빛 공책에도 부분 부분 색이 입혀졌다.

배우고 익히니

방 한 칸이 집이 되었다.

열린 문으로 손님을 자꾸 들이니

복층도 생겼다. 집이 자꾸 커진다.

시끌벅적했던 시간이 지나고

반성의 창을 모두 닫은 채

찬찬히 내 집안을 살핀다.

주관의 집 안 정리,

어울리지 않는 지식은 버리고

유용하고 의미 있는 지식에 자리를 내준다.

들이고 정리해서

내 집을 넓히고 채운다.

📖 나만의 집을 짓는 학습

학습을 시작하기 전에 사람은 좁은 인식의 방 안에 있다. 그 방은 익숙하고, 안정적이다. 자신의 천성과 경험으로 만들어진 공간이기 때문이다. 책상 하나, 공책 하나, 반복되는 일상의 루틴. 세상을 바라보는 창은 오직 자신만의 해석에 의존한다. 외부 정보는 거의 없고, 스스로 쌓아 올린 경험만이 기준이 된다. 이 공간은 폐쇄적이지는 않지만, 닫혀 있다. 왜냐하면 타인의 낯선 정보가 들어올 틈이 없기 때문이다. 이런 방에선 세상이 단순하게 보인다. 흑백으로 나뉜 세상에서, 사람들은 쉽게 판단된다.

그러나 책을 읽고, 강의를 듣고, 타인의 생각을 받아들이는 순간 변화가 시작된다. 읽는다는 건 단순히 눈으로 문장을 따라가는 것이 아니라, 타인의 지식을 내 공간 안으로 들이는 행위다. 그것은 작은 혼란을 동반한다. 처음엔 거부감도 생긴다. 내 기준과 어긋나는 설명, 익숙하지 않은 언어, 받아들이기 어려운 관점들. 그러나 이 불편을 밀어내지 않고 견뎌 내면, 내 사고 공간에 작은 균열이 생긴다. 그것은 곧 문이 열린다는 뜻이다.

이 문으로 타인의 지식이 들어온다. 논리라는 문이 생기고, 반성이라는 창이 열리고, 관점이라는 복도가 생긴다. 예전에는 보지 못했던 질문들이 튀어나오고, 미처 의식하지 못했던 판단의 기준들이 생겨난다. 그저 회색으로만 채워져 있던 공책에도 색이 들어가기 시작한다. 이는 단순히 공부한 양이 늘어났다는 의미가 아니다. 사고의 지도가 확장되고, 인식 공간의 구조 자체가 변형되고 있다는 증거다. 학습의 본질적 효과는 지식의 양적인 축적이 아니라 인식의 구조적인 변형이다. 내 사고의 틀이 새롭게 재배열되는 데 있는 것이다.

인식의 '방'이 어느 순간, '집'으로 확장된다. 방은 단순히 하나의 기능만을 가진 나 혼자의 공간이지만, 집은 구조와 역할이 구분된, 나와 우리의 복합적인 공간이다. 타인의 지식을 들이면서 사고의 영역은 분화된다. 메모 공간이 생기고, 아이디어를 반추하는 장소가 생기고, 판단을 유보하는 작은 서랍도 생긴다. 내 생각을 쌓는 다락방이 생기고, 서로 다른 관점을 조율하는 거실도 생긴다. 사고는 더 이상 단선적이지 않고, 입체적이며 계층화된다. 이것이 학습이 주는 가장 중요한 효과다.

하지만 학습의 궁극적 단계는 수용이 아니다. 수용 이후에는 정리가 있어야 한다. 닫힌 문을 다시 열 필요는 없다. 오히려 지금까지 들어온 것들을 살펴보고, 걸러 내고, 배치해야 한다. 어떤 지식은 나의 세계관과 부딪히고, 어떤 정보는 더 이상 유용하지 않다. 이때 필요한 건 바로 '주관'이다. 남이 준 지식이 아닌, 나의 기준이 작동하는 순간이다. 비판적 사고, 메타인지, 자기화 과정. 학습은 외부의 지식을 들이되, 무비판적으로 수용하지 않는다. 자기 기준과 맞지 않는 것은 배제하고, 의미 있는 것만을 남긴다. 사고의 정리는 학습의 일부분이다.

 학습이란, 내 방을 집으로 바꾸는 일이다. 작은 사고의 틀을 넓히고, 낯선 지식을 들이며, 그 안에 나만의 공간을 구축하는 일이다. 어느 순간 우리는 이 집을 타인과 함께 쓸 준비를 하게 된다. 누군가를 초대할 수 있을 만큼 넓고 튼튼한 지식의 구조물. 그것이 학습이 삶에 남기는 구조적 흔적이다. 타인과 소통하고 대화하고 공감하고 공유할 수 있는 토대다.
 그럼, 이쯤에서 물어보자.
 "당신의 방은 지금 집이 되어 가고 있는가? 아니면, 여전히, 작은 방에서 낡은 책상만을 지키고 있는가?"

Chapter 2

학습의 도구

정의와 개념

식물에 관한 정의 한 문장,
"식물은 광합성을 통해 에너지를 얻는 생명체이다."

식물이라는 존재의 설명.
식물이라는 개념의 구조.

일단,
식물은 생명체.
살아 있는 존재.
이것은 식물에 관한 큰 개념.
식물에 관한 개념적 소속.
'식물이란 개념은 생명체라는 개념에 속한다.'

다음,
식물은 광합성.
빛을 이용해 에너지를 얻는다.
먹어서 에너지를 얻는 동물과 다르다.
이것은 식물을 구분하는 작은 개념.

식물에 관한 개념적 특성.
'식물이란 광합성을 하는 생명체라는 점에서 동물과 구분된다.'

개념을 구성하는 구성 개념,
개념을 구성하는 소속과 특성,
이것이 정의의 구조.

📖 개념의 소속과 특성

우리는 세상을 이해할 때 개념이라는 도구를 사용한다. '식물', '동물', '사람' 같은 단어들은 단순한 이름표가 아니다. 그 안에는 설명과 구분의 기준이 담겨 있다. 예를 들어 "식물은 광합성을 통해 에너지를 얻는 생명체이다."라는 문장은 단순히 식물을 소개하는 게 아니라, 식물이란 무엇인가를 정의하는 문장이다. 정의는 어떤 개념을 설명하고 구분하는 방식이다. 한 문장 속에 세상을 분류하는 질서가 담겨 있다.

이 정의를 자세히 들여다보자. 먼저 "식물은 생명체이다"라는 부분이 있다. 여기에는 식물이 어떤 큰 범주에 속하는지에 대한 설명이 담겨 있다. 식물은 생명체라는 카테고리 안에 들어간다. 이처럼 어떤 개념이 더 큰 개념에 포함된다는 설명을 '소속'이라고 한다. 소속은 개념의 뼈대다. "식물은 무엇이다"라고 말할 때, 그 '무엇'은 식물이 속한 큰 집이다. 정의의 첫걸음은 이 개념이 어디에 속하는지 밝히는 일이다.

하지만 소속만으로는 충분하지 않다. "식물은 생명체다"라는 말만으로는 식물을 동물이나 곰팡이와 구별할 수 없다. 그래서 정의에는 '특성'이 필요하다. "광합성을 통해 에너지를 얻는다"는 설명은 식물을 구별하는 특징이다. 이 특징 덕분에 식물은 같은 생명체 안에서도 동물과 다른 집단이 된다. 특성은 개념의 고유성을 만들어 준다. 소속이 개념의 뼈대라면, 특성은 개념의 옷과 같다. 특성이 있어야 그 개념만의 모습이 완성된다.

정의는 이렇게 소속과 특성이라는 두 축으로 이루어진다. "식물은 생명체이다"라는 소속, "광합성을 통해 에너지를 얻는다"는 특성. 두 가지가 합쳐져야 하나의 온전한 정의가 된다. 소속만 있으면 너무 넓고, 특성만 있으면 어디에 속하는지 알 수 없다. 이 두 축은 개념을 설명할 뿐 아니라, 다른 개념과 구별하는 역할도 한다. 정의는 설명이자 구분이다. 정의는 개념의 얼굴과 이름을 동시에 붙여 준다.

생각해 보면, 정의를 배우는 일은 세상의 질서를 배우는 일이다. 개념은 세상을 나누는 방식이고, 정의는 그 방식을 설명하는 언어다. 우리는 정의를 통해 세상의 사물을 범주로 묶고, 다른 것과 구별하며, 공통점과 차이점을 찾아낸다. "식물은 광합성을 통해 에너지를 얻는 생명체이다."라는 문장은 짧지만, 그 안에 식물의 소속과 특성을 담아 세상을 정리하는 힘이 있다. 정의는 작지만 강력하다.

정의의 구조를 아는 건 단순히 용어를 외우는 게 아니다. 세상을 설명하고 이해하는 방법을 배우는 일이다. 소속을 찾고, 특성을 찾아내어, 개념의 뼈대와 옷을 완성하는 과정. 그 과정 속에서 우리는 더 깊고 넓게 세상을 이해한다. 오늘 당신은 어떤 개념의 소속과 특성을 새롭게 발견했는가? 정의의 구조는 여전히 당신의 머릿속에서 세상을 분류하고 설명하는 지도를 그리고 있다.

개념과 정의

세상은 흘러가고
나는 그 안에 숟가락 하나를 든다.
이름도, 뜻도, 모양도 없던
그 흐름 속 한 조각을
조심스럽게 퍼 올린다.

미완성의 개념이다.
이것은 어디에서 왔는가?
분류하며 출신지를 찾는다.
이것은 어떻게 다른가?
분석하며 특징을 찾는다.

무리 중 어디에 속하는지
공통점을 찾아라!
그것이 이 포착물을 구성하는
본질적인 개념이 될 것이다.

다른 것과 무엇이 다른지
경계를 그어라!
그것들이 이 포착물을 구성하는
부차적인 개념들이 될 것이다.

속성이 추려지고
정의가 만들어졌다.
인간에게 포착된
세상의 한 조각이
인간의 인식 속에
개념으로 들어왔다.

📖 세상의 한 조각을 인식으로

세상은 쉼 없이 흐른다. 사건이 일어나고, 사물이 나타나고, 이름 없는 것들이 스쳐 지나간다. 그 끝없는 흐름 속에서 인간은 한 조각을 조심스럽게 퍼 올린다. 이름도, 정의도, 규칙도 없던 것. 그저 무수한 움직임의 일부였던 것을 '여기 있다'고 붙잡는 순간, 우리는 세상의 조각을 인식하기 시작한다. 인식은 포착이다. 무한한 흐름에서 하나의 단위를 만들어 내는 일이다.

하지만 포착된 그 하나는 아직 미완성의 개념이다. 이제 우리는 묻는다. "이것은 어디에서 왔는가?" 이 질문은 그 조각의 출신지를 찾는 일이다. 비슷한 것들 속에 분류하고, 어디에 속하는지 확인한다. 다음으로 "이것은 어떻게 다른가?"를 묻는다. 다른 것들과의 차이를 찾아 그 조각만의 특징을 밝힌다. 분류와 분석은 개념을 만드는 두 개의 질문이다. 속한 자리와 구별되는 점을 찾아야 개념은 뼈대를 세운다.

개념을 만든다는 건 공통점과 차이점을 동시에 보는 일이다. 공통점을 찾으면 무리 속에서 그 조각의 자리를 정할 수 있다. "이것은 어디에 속하는가?"라는 질문은 개념의 소속을 묻는다. 그것은 개념의 본질적인 성격이 된다. 반면, 다른 것과의 차이를 찾으면 그 조각의 독특한

성질이 드러난다. "이것은 무엇과 다른가?"라는 질문은 개념의 경계를 만든다. 그것은 개념의 부차적 속성이 된다. 본질과 속성, 소속과 경계가 개념을 완성한다.

이 과정을 거치면 우리는 처음에 잡았던 흐름의 한 조각을 이름 붙일 수 있는 무언가로 만든다. 처음엔 막연했던 것이 이제 정의를 가진다. "이것은 이런 것이다."라고 말할 수 있게 된다. 정의는 혼돈 속에 질서를 세운다. 개념은 흐름 속에 경계를 만든다. 그렇게 세상의 한 조각이 인간의 인식 안으로 들어온다. 세상에 있던 것이 인간의 머릿속에서 다시 태어난다.

생각해 보면, 개념을 만든다는 건 세상을 정리하는 일이다. 끝없이 이어지는 세상의 흐름을 잘게 나누어 이름 붙이고, 구별하고, 연결하는 일이다. 개념은 인간의 인식이 세상을 다루는 방식이다. 개념 없이는 우리는 세상을 이해할 수도, 설명할 수도 없다. 하나의 개념은 곧 하나의 세계를 연다. 이름 없는 것에 이름을 붙이고, 경계 없는 것에 경계를 긋는 순간, 우리는 그 세계를 소유하게 된다.

다음에 무언가를 배우거나 이해하려 할 때 이렇게 물어보자. "이것은 어디에 속하고, 무엇과 다른가?" 이 두 질문이 개념을 만들고, 인식을 세운다. 개념은 단순한 정의가 아니다. 그것은 세상을 이해하고 다루려는 인간의 애정 어린 시도다. 그리고 그 시도는 오늘도 세상을 조금씩 더 의미 있게 만든다.

비교와 대조

하나를 둘과 비교한다는 건
하나를 더 잘 알기 위한 일.

하나와 둘을 나란히 세우고
첫 번째 질문을 던진다.

"둘은 하나와 비교할 만큼 닮았는가?"
하나와 닮은 둘의 속성,
비교의 근거.

그럼, 이제.
둘이 하나와 비교될 자격을 갖췄으니,
하나와 둘을 나란히 세우고
두 번째 질문을 던진다.

"둘은 하나와 대조할 만큼 다른가?"
둘과 다른 하나의 속성,
하나의 특징.

하나를 잘 모르겠거든
같지만 다른 둘을 찾아.

같은 점을 근거로
다른 점을 찾으면
하나의 특별한 점을 찾을 수 있을 거야.

비교와 대조,
비교의 효용은 여기에 있어.
하나를 더 잘 알고 싶은 애정이야.

📖 하나를 더 잘 알기 위한 방법

우리는 무언가를 제대로 이해하고 싶을 때 자주 비교라는 방법을 쓴다. 하나를 단독으로 바라보면 보이지 않던 점이, 다른 것과 나란히 세웠을 때 더 뚜렷해진다. 비교는 이해의 도구다. 하나를 더 깊이 알기 위해 비슷한 둘을 불러오는 것이다. 비교는 "뭐가 같을까?"를 묻는 질문으로 시작한다. 같은 점을 찾는 과정에서 우리는 하나의 본질에 조금 더 가까워진다. 같다는 건 공유한다는 의미다. 공유하는 속성은 비교의 출발점이다.

하지만 비교는 같은 점만으로 끝나지 않는다. 같은 점을 찾았다면 이제 다른 점을 찾아야 한다. 다른 점을 찾는 과정이 바로 대조다. 대조는 "뭐가 다를까?"를 묻는 질문이다. 둘을 나란히 세운 채, 무엇이 다른지를 살핀다. 이때 발견되는 차이는 하나의 독특함을 드러낸다. 같은 점 위에 놓인 다른 점, 그것이 특징이다. 비교가 공통점을 통해 관계를 맺는다면, 대조는 차이를 통해 정체성을 만든다.

생각해 보면, 비교와 대조는 짝을 이루는 친구다. 같은 점만 보면 차이를 놓치고, 다른 점만 보면 공통의 기반을 잃는다. 두 가지를 함께 해야 하나의 존재를 더 깊고 정확하게 이해할 수 있다. "둘은 하나와 비교할 만큼 닮았는가?"라는 질문과 "둘은 하나와 대조할 만큼 다른가?"라는 질문은 이해의 두 날개다. 한쪽만 있어서는 날 수 없다. 비교와 대조는 함께할 때 의미가 있다.

비교의 효용은 여기 있다. 그냥 '다르다'는 걸 넘어 '어떻게 다른지' '왜 다른지'를 알게 해 준다. 다른 점은 무작정 튀어나오는 게 아니다. 같은 점 위에 서야 다른 점이 드러난다. 그래서 하나를 더 잘 알고 싶다면, 닮은 둘을 찾아야 한다. 둘과 같은 점을 찾아야 다른 점이 보인다. 다른 점을 발견해야 하나의 특별함을 설명할 수 있다. 비교와 대조는 애정의 기술이다. 더 잘 알고 싶다는 마음이 만든 방법이다.

많은 학생이 비교와 대조를 시험 문제 해결용 기술로만 생각한다. 하지만 비교와 대조는 사고를 깊게 만드는 훈련이다. 서로 다른 것을 나란히 세우고, 같은 점과 다른 점을 함께 보는 과정. 그 안에서 우리는 공통성과 특수성, 보편성과 개별성을 동시에 배운다. 비교는 단순한 표 만들기가 아니라 세상을 이해하는 시선이다. 무엇이 같고 무엇이 다른지를 아는 건 더 넓게, 더 깊게 바라보는 힘이다.

다음에 무언가를 이해하려 할 때 이렇게 물어보자. "이건 무엇과 닮았고, 무엇과 다른가?" 비교와 대조의 질문은 우리를 더 똑똑하게, 더 따뜻하게 만든다. 이해는 그냥 얻어지지 않는다. 이해는 애정을 가진 관찰과 사유의 반복 속에 있다. 비교와 대조는 하나를 더 잘 알고 싶은 애정의 방법이다. 그리고 그 애정이 더 깊은 이해로 이어진다.

설명과 설득

이야기 텍스트에서
설명과 설득의 텍스트로
넓어지는 읽을거리.

이야기로 감정을 배우다,
설명으로 세상을 배운다.

불이 타오르기 위해서는
탈 것, 산소, 불꽃의 3요소가 필요하다는
텍스트 속 설명,
곰곰이 생각하다가
소화(消火)의 원리를 깨닫는 아이,
불을 끄는 다양한 방법까지 이해한다.

세상에 존재하는 것들을 알려 주는
설명 텍스트 읽기.

이야기로 감정을 배우고,
설명으로 세상을 배우다,
설득으로 사람을 배운다.

국가를 위해
개인이 희생할 수 있다는
텍스트 속 설득,
곰곰이 생각하다가
그 논증이 가능함을 받아들이는 아이,
다양한 주장에서 자신의 주장을 세운다.

사람만큼 다양한 사람의 생각을 들려주는
설득 텍스트 읽기.

다양한 텍스트를 읽으며 진행되는 배움들.

이야기 텍스트를 읽어 감정을 배우고
설명 텍스트를 읽어 세상을 배우고
설득 텍스트를 읽어 인간을 배운다.

그렇게 넓어지는 아이의 세상,
그렇게 깊어지는 아이의 성장.

📖 텍스트의 확장과 학습의 진화

아이의 읽기는 이야기 텍스트에서 시작한다. 이야기 속 주인공을 따라 기뻐하고 슬퍼하며 감정을 배운다. 이때 이야기는 감정 학습의 도구로 작용한다. 그러나 아이의 읽기는 거기서 멈추지 않는다. 이야기를 넘어 설명문과 설득문으로 확장되며 읽기의 범위는 넓어진다. 이야기의 감정적 경험이 바탕이 되어, 설명문과 설득문이라는 새로운 독서의 장르로 나아간다. 이렇게 읽기의 확장은 감정에서 세상으로, 세상에서 사람으로 향하는 흐름을 만든다.

설명문은 세상을 이해하도록 돕는 글이다. 예를 들어 불이 타려면 탈 것, 산소, 불꽃의 세 요소가 필요하다는 설명문을 읽으며 아이는 원리를 깨닫는다. 단순한 사실 전달을 넘어 원인을 파악하고, 이를 바탕으로 결과를 예측하는 사고가 자란다. 설명문은 세상의 원리와 구조를 알려 주는 역할을 한다. 텍스트 속 정보는 아이의 머릿속에서 연결되며 더 큰 이해로 발전한다. 설명문을 읽은 아이는 불의 원리를 이해하는 것을 넘어, 불을 끄는 방법까지 사고를 확장한다. 설명문은 사실과 원인을 학습하는 기회를 제공한다. 읽기의 범위가 단순한 이야기에서 구조와 원리로 넓어지는 과정이다.

설득문은 사람의 생각과 주장을 담고 있다. 설득문을 읽으며 아이는 다양한 입장을 접한다. 예를 들어 "국가를 위해 개인이 희생할 수 있다"는 주장을 읽고 아이는 논리와 타당성을 고민한다. 설득문은 설명문과 달리 정답을 제시하지 않는다. 대신 여러 관점을 보여 주며 스스로 입장을 선택하도록 유도한다. 설득문은 논리의 구조와 주장 방식, 반론의 형태를 보여 준다. 아이는 설득문을 통해 자신의 생각을 정리하고, 타인의 생각을 이해하는 훈련을 한다. 설득문 읽기는 사고의 깊이를 키우고 비판적 사고를 발달시킨다. 읽기의 범위가 세상을 넘어 사람의 생각으로 확장된다.

이야기, 설명문, 설득문은 각기 다른 목적을 가진 텍스트다. 이야기는 감정을 배우게 하고, 설명문은 세상을 배우게 하며, 설득문은 사람의 생각을 배우게 한다. 세 가지 텍스트는 서로 다른 방식으로 학습에 기여한다. 감정, 구조, 논리라는 서로 다른 영역을 자극하며 사고의 폭을 넓힌다. 아이의 읽기는 이야기에서 시작해 설명문과 설득문으로 이어지며 점점 확장된다. 각 텍스트는 학습의 다른 측면을 채워 주는 역할을 한다. 읽기의 확장은 단순히 글의 종류가 늘어나는 것이 아니라 배움의 층위가 깊어지는 과정이다.

결국 아이는 이야기로 감정을 배우고, 설명문으로 세상을 배우고, 설득문으로 사람의 생각을 배운다. 읽기는 이렇게 점차 넓어지고 깊어진다. 텍스트의 종류가 늘어날수록 아이가 만나는 세상의 범위도 넓어진다. 각기 다른 텍스트가 서로를 보완하며 더 넓은 이해로 이끈다. 읽기란 단순히 정보를 받아들이는 것이 아니라, 정보를 이해하고 연결하고 비판하는 일이다. 그렇게 읽기의 확장은 배움의 완성도를 높이는 길이 된다. 읽는다는 것은 결국, 더 넓고 더 깊게 사고할 수 있는 가능성을 키우는 일이다.

설득과 동의

"너와 같은 생각이다."

상대가 나에게 말했다.
나는 설득에 성공했다?

아니,
나는 설득에 실패했다.

너와 내가 생각이 같다니,
불가능한 상황이기 때문이다.

우리는 DNA도 다르게 태어났고
이후의 LIFE도 다르게 살아왔다.

상대는 거짓말을 하고 있다.

아마도
나와 했던 이 얘기를
빨리 마치고 싶어서일지도.

"그렇게 생각할 수도 있겠다."

상대가 나에게 말했다.
이 정도가 합당하다.

비로소,
나는 설득에 성공했구나.

📖 "너와 같은 생각이다"라는 함정

우리는 다른 사람을 설득하려고 애쓴다. 자신의 생각이 옳다고 믿고, 그 생각을 상대에게 전하려 한다. 그리고 상대가 이렇게 말하면 기뻐한다. "너와 같은 생각이다." 마치 설득에 성공한 듯한 느낌이다. 하지만 잠시 멈춰 생각해 보자. 정말 그 말은 성공의 신호일까? 아니면 생각 없는 동의일까? 설득은 단순한 동의 이상의 것이다. "같은 생각"이라는 말은 어쩌면 설득의 끝이 아니라 포기의 신호일지도 모른다.

왜 그럴까? 나와 상대는 애초에 다르게 태어났다. DNA도 다르고, 살아온 환경도 다르다. 다른 경험과 다른 기억을 가진 두 사람이 완전히 같은 생각에 도달한다는 건 어쩌면 불가능하다. 서로 다른 배경을 가진 두 사람이 같은 문장을 말한다고 해도, 그 문장의 의미는 다를 수 있다. 그러니 "너와 같은 생각이다"라는 말은 의심스러운 선언이다. 정말 같은 생각일 리 없다. 오히려 그 말속에는 대화를 끝내고 싶은 마음이 숨어 있을 수 있다.

때로는 상대가 귀찮아서 "그래, 너 말이 맞아"라고 말할 때가 있다. 그 순간 우리는 겉으로는 승리했지만, 속으로는 패배했다. 상대는 설득된 것이 아니라 대화에서 빠져나가려 한 것일 뿐이다. 진짜 설득은 이런 피상적 동의에서 끝나지 않는다. 설득은 상대가 자신의 생각과 다르다는 걸 깨닫고, 그럼에도 불구하고 내 생각의 타당성을 받아들이는 데서 완성된다. 설득은 동의 이상의 수용이다.

그래서 더 솔직한 반응은 이런 말이다. "그렇게 생각할 수도 있겠다." 이 말은 동의가 아니다. 하지만 이해의 신호다. 상대는 여전히 나와 다르지만, 내 생각을 그 나름의 방식으로 수용하려 한다. 이 말 속에는 상대가 자신의 입장을 유지하면서도 내 입장을 존중하려는 태도가 담겨 있다. 설득은 동질화가 아니다. 설득은 서로 다른 두 사람이 서로의 차이를 인정하면서 간격을 좁혀 가는 과정이다.

"같은 생각"이라는 말에는 위험한 착각이 숨어 있다. 우리는 상대가 나와 같아야 안심하고, 같아야 성공이라고 믿는다. 하지만 같음은 목표가 아니다. 같아지려는 시도는 때로 차이를 억압한다. 오히려 다름 속에서 이해를 찾고, 차이 속에서 공존을 모색하는 것이 더 성숙한 설득이다. 설득은 상대를 나로 만드는 것이 아니라, 상대를 이해 가능한 타인으로 남게 하면서도 나의 생각을 공유하게 하는 과정이다.

다음에 누군가 이렇게 말한다면 생각해 보자. "너와 같은 생각이다." 그 말은 과연 설득의 결과일까, 아니면 대화의 종결일까? 그리고 누군가 이렇게 말한다면 더 깊이 귀 기울여 보자. "그렇게 생각할 수도 있겠다." 그 말에는 동의 이상의 존중과 수용이 담겨 있다. 설득은 같아지는 것이 아니라, 서로 다름을 안고 이해의 다리를 놓는 일이다. 그 다리 위에서 우리는 더 나은 대화를 시작할 수 있다.

주장과 근거

"독서는 사고력을 키운다."
이것은 주장.
누군가가 궁극적으로 말하려는 바, 혹은,
"독서는 사고력을 키우는가?"는 질문에
누군가가 선택한 입장.
가치의 영역, 판단의 영역, 선호의 영역.

"여러 연구 결과 독서가 뇌의 연결성을 높인다는 것이 밝혀졌다."
이것은 근거.
주장을 받쳐 드는 증거.
누구나 받아들이는 팩트.
사실의 영역, 현상의 영역, 무차별의 영역.

사실과 가치, 현상과 판단, 무차별과 선호
갈려진 두 영역을 연결하는
이유의 설명.
"뇌의 연결성이 높아지면 사고력도 높아진다."

주장은 말하고
근거는 제시하며
이유를 설명한다.

근거를 받쳐서
세워진 주장을
이유로 연결한다.

사람을 설득하는
논증의 구조.

📖 설득의 구조를 이해하기

우리는 대화를 나누거나 글을 쓸 때 종종 "주장"을 한다. 예를 들어, "독서는 사고력을 키운다"는 말이 그렇다. 이 문장은 그냥 사실을 전달하는 문장이 아니다. 누군가가 어떤 입장을 취하고, 그 입장을 드러내고자 하는 문장이다. 다시 말해, 어떤 질문에 대해 선택한 방향이다. 주장에는 가치 판단이 담긴다. 좋다, 옳다, 필요하다 같은 평가가 포함된다. 주장은 단순한 사실이 아니라 선호와 판단의 영역이다. 그래서 주장은 늘 설득을 동반한다.

그런데 주장만으로는 설득할 수 없다. 주장을 뒷받침해 줄 근거가 필요하다. "여러 연구 결과 독서가 뇌의 연결성을 높인다는 것이 밝혀졌다."는 문장은 바로 그런 근거다. 근거는 주장에 힘을 실어 주는 역할을 한다. 근거는 객관적이고 사실에 기반한다. 누가 보더라도 "그건 사실이네" 하고 수긍할 수 있어야 한다. 근거는 사실의 영역, 현상의 영역, 모두가 받아들일 수 있는 무차별의 영역에 속한다. 주장과는 다르게, 근거는 감정이나 가치 판단이 아니라 팩트다.

주장과 근거 사이에는 설명이 필요하다. 단순히 근거를 나열한다고 해서 주장이 자동으로 설득되지 않는다. "뇌의 연결성이 높아지면 사고력도 높아진다"는 문장이 바로 그 설명이다. 이 문장은 근거와 주장을 이어 주는 다리다. 왜 독서가 사고력을 키우는지, 그 이유를 밝히는 연결 고리다. 이유는 근거와 주장을 엮어 주는 설명의 영역이다. 이유가 빠지면 주장과 근거는 따로 놀게 된다. 이유가 있어야 "아, 그래서 그렇구나" 하고 설득된다.

생각해 보면, 설득의 구조는 이렇게 이루어진다. 주장은 말하고, 근거는 제시하며, 이유는 설명한다. 세 가지가 모여 하나의 논증을 만든다. 주장만 있으면 믿을 수 없고, 근거만 있으면 결론이 없다. 이유가 없으면 둘의 연결이 끊어진다. 설득은 이 세 가지 요소가 함께 움직일 때 가능하다. 마치 삼각형의 세 변이 서로를 지탱하듯, 주장-근거-이유는 서로를 의지한다. 이 셋이 균형 있게 갖춰져야 설득은 완성된다.

많은 사람이 주장을 잘한다. 하지만 근거를 빠뜨리거나, 이유를 설명하지 않는다. 그래서 설득이 어려워진다. 반대로 근거는 많지만 그게 어떤 주장을 뒷받침하는지 불분명한 경우도 있다. 논증은 단순히 자료를 모으는 게 아니다. 자료(근거)를 주장의 방향으로 묶어 주는 이유의 설명이 필요하다. 이 구조를 이해하면 더 설득력 있는 글과 말을 할 수 있다. 설득은 단순히 "내가 맞아"라고 주장하는 게 아니다. "내가 맞을 수밖에 없는 이유"를 보여 주는 일이다.

다음에 누군가를 설득하고 싶다면 이렇게 물어보자. "내 주장은 무엇인가? 그 주장을 뒷받침하는 근거는 무엇인가? 그 둘을 연결해 줄 이유는 무엇인가?" 이 세 가지를 찾는 과정이 설득의 시작이다. 설득은 감정이 아니라 구조의 힘으로 이루어진다. 구조를 이해하면 말에도, 글에도 더 단단한 힘이 생긴다.

정(正)과 반(反)

발전의 길에 들어선 지식은
직선으로 나아가지 않는다.

진자 운동과 같은
학문의 발전.

과거의 어느 날,
하나의 주장이 힘을 얻었다.

모두가 그 주장을 진실로 믿었다.

그러던 어느 날,
이상 사례의 등장.

기존의 주장으로 설명되지 않는 사례.

그리곤 한동안,
이상 사례의 연이은 등장.

금이 가 버린 기존의 주장,
깨어져 버린 사람들의 신뢰.
그러다 하루,
완전히 다른 주장이 새롭게 들어섰다.

희망을 발견한 사람들이 힘을 싣는다.
이제는 모두가 이 반대 주장을 진실로 믿는다.

그러던 어느 날,
이상 사례의 등장.

기존의 반대 주장으로는
설명되지 않는 사례.

그리곤 한동안,
이상 사례의 연이은 등장.

금이 가 버린
기존의 반대 주장,
또다시 깨어져 버린
사람들의 신뢰.

그러다 하루,
완전히 다른 주장이 새롭게 들어섰다.

첫 번째 주장과 다르지만 비슷한 주장.

다시,
희망을 발견한 사람들이 또 힘을 싣는다.
이제는
모두가 이 주장을 진실로 믿는다.

하지만
또 시작되겠지.
이상 사례의 등장

진자 운동처럼,
모순된 양 끝 주장을 오가며
학문이 발전한다.

지식이 변화한다.

📖 흔들리며 나아가는 지식

우리는 종종 지식의 발전을 일직선의 길이라고 생각한다. 한 번 발견된 진리가 점점 더 정확해지고, 더 깊어지고, 더 완성되어 간다고 믿는다. 하지만 실제로 학문은 그렇게 단순한 길을 걷지 않는다. 학문의 길은 직선이 아니라 진자 운동에 가깝다. 좌우로 흔들리고, 왔다 갔다 하며, 모순과 충돌 속에서 발전한다. 한쪽으로 기울었다가 다시 반대쪽으로 기울며 앞으로 나아간다.

처음에는 하나의 주장이 힘을 얻는다. 많은 사람들이 그 주장을 받아들이고, 그 주장은 마치 '진리'인 양 세상의 기준이 된다. 하지만 시간이 지나면, 그 주장으로는 설명되지 않는 이상 사례가 나타난다. 설명할 수 없고, 기존의 논리로는 맞지 않는 일들이 생긴다. 처음에는 작은 균열이었지만, 점점 더 많은 이상 사례가 쌓인다. 결국 사람들은 처음 믿었던 주장에 금이 간다. 의심이 생기고, 신뢰가 무너진다.

그 무너진 자리 위에 새로운 주장이 등장한다. 처음의 주장과는 반대되는 입장, 새로운 시각. 사람들은 다시 그 주장을 붙잡는다. "이게 진짜 답이야!" 하고 희망을 담아 힘을 싣는다. 그리고 그 새로운 주장이 다시 진리의 자리를 대신한다. 하지만 그게 끝은 아니다. 시간이 흐르면, 또다시 그 주장을 설명하지 못하는 이상 사례가 나타난다. 반복되는 균열, 반복되는 의심, 또다시 무너지는 믿음.

그렇게 학문은 좌우로 흔들린다. 하나의 주장에서 다른 주장으로, 다시 또 다른 주장으로. 처음과는 다른데 어딘가 닮은 주장들이 이어진다. 그리고 그 주장들은 서로 모순된 듯 보이면서도, 그 모순 안에 새로운 가능성을 품는다. 마치 진자가 양쪽 끝을 오가듯, 학문도 반대편으로 흔들리며 중심에 다가선다. 진리의 길은 곧장 가지 않고, 흔들리며 나아가는 길이다.

이런 과정을 보면, 학문의 발전은 마치 끝없는 질문과 해답의 대화 같다. 한 답이 나오면, 그 답을 깨뜨리는 질문이 나온다. 질문이 많아질수록 더 나은 답을 찾아야 한다. 답은 언제나 임시적이고, 다음 질문의 밑거름이 된다. 학문은 완벽한 진리를 찾기 위한 싸움이 아니라, 더 나은 설명으로 다가가려는 여정이다. 흔들리지만 멈추지 않는 여정이다.

그래서 우리는 오늘의 답을 절대적 진리로 믿어서는 안 된다. 지금의 답은 내일의 질문 앞에서 다시 흔들릴 수 있다. 흔들림을 두려워하지 않고, 오히려 흔들림 속에서 더 단단한 이해를 찾으려는 태도가 필요하다. 학문은 늘 진자처럼 움직인다. 그리고 그 움직임 덕분에 지식은 멈추지 않고 성장한다. 흔들리며 나아가는 것, 그것이 지식의 길이다.

정(正)과 반(反) 그리고 합(合)

정(正)과 반(反),
두 주장이 마주 선다.
각자의 논리를 움켜쥔 채,
서로를 깎고, 부수고, 밀어낸다.

정은 반을 틀렸다 하고,
반은 정이 낡았다 한다.
혼란의 충돌,
무너지는 기준,
부서지는 믿음.

그러나
그 잔해들을 찾아 연구자들은
다시 책을 펴고,
다시 질문을 꺼내고,
모순(矛盾)의 무게를 들여다본다.

정의 장점,
반의 통찰,
그 사이 어딘가에
숨겨져 있던 세 번째 시선.
모순을 품은 언어,
이해와 오해를 꿰는 새로운 실마리.

그리고
어느 날,
조용히 도착하는
합(合)의 명제 하나.
모순 위에 올라선
합(合)의 논리 하나.

작은 걸음으로 걷다가
큰 걸음을 내딛은
학문의 진보,
새로운 정(正)을 맞이하다.

📖 학문의 걸음

　세상은 늘 주장과 반박이 부딪히는 장이다. 어떤 주장이 등장하면, 곧 그에 반대하는 다른 주장이 나온다. 정(正)과 반(反), 두 주장은 서로를 밀어내고 깎아 내며 맞선다. 정은 "너는 틀렸다"라고 말하고, 반은 "너는 낡았다"라고 외친다. 논리와 논리가 충돌하고, 믿음과 믿음이 흔들린다. 이 충돌 속에서 기준이 무너지고, 확신이 깨진다. 혼란이 찾아오고, 혼란 속에서 질문이 다시 피어난다.

　하지만 그 혼란이 끝이 아니다. 오히려 새로운 시작이다. 연구자들은 무너진 자리에서 다시 책을 편다. 잔해 속에서 남은 조각들을 주워 담는다. "왜 이렇게 되었을까?"라는 질문을 다시 꺼내 든다. 정과 반의 충돌은 단순한 싸움이 아니라 모순을 드러내는 과정이다. 이 모순은 불편하고 어려운 진실이다. 그러나 이 모순을 피하지 않고 곰곰이 들여다보는 태도에서 새로운 시선이 열린다.

　정의 장점, 반의 통찰. 두 입장의 충돌 속에는 각자가 놓친 부분이 있다. 그 사이 어딘가에 숨겨져 있던 세 번째 시선이 있다. 정과 반 중 하나가 이기는 싸움이 아니다. 둘이 놓친 것을 찾아내고, 둘의 틈을 메우는 새로운 실마리를 발견하는 일이다. 그 실마리는 모순을 품은 언어,

이해와 오해를 꿰는 실이 된다. 학문은 그렇게 둘 사이의 간극을 잇는다. 충돌 위에 다리를 놓는다.

그리고 어느 날, 그렇게 고민하고 탐구하던 끝에 조용히 도착하는 한 문장이 있다. "그렇다면 이렇게 볼 수도 있겠다." 이 문장이 바로 합(合)이다. 정과 반의 논리 위에 세워진 새로운 명제다. 둘 다 맞고, 둘 다 틀린 것을 넘어서는 새로운 논리다. 정과 반의 충돌 없이 이 합은 도달할 수 없었다. 합은 모순 위에 선 논리다. 깨진 돌 위에 세운 다리다.

합은 작은 걸음으로부터 시작된다. 정을 향해 한 걸음, 반을 향해 한 걸음. 그리고 마침내 큰 걸음을 내딛는 순간, 학문은 앞으로 나아간다. 이 진보는 단순히 더하는 것이 아니라, 넘어서는 과정이다. 정을 넘고, 반을 넘고, 그 위에 서는 일. 새로운 정(正)은 그렇게 도착한다. 마치 어제의 합이 오늘의 정이 되듯, 학문은 늘 그렇게 다음 걸음을 준비한다.

학문은 싸움이 아니다. 정과 반의 대화, 그리고 그 대화 속에 숨어 있는 합을 찾는 긴 여정이다. 이 긴 여정 속에서 우리는 더 넓은 세계를 본다. 더 깊은 이해에 도달한다. 다음에 누군가와 생각이 다르다고 느낄 때 이렇게 물어보자. "이 차이 속에 어떤 세 번째 시선이 있을까?" 그 질문이 다음 합으로 가는 첫걸음이 될 것이다.

Chapter 3

학습의 작동

문학과 비문학

텍스트의 첫 갈래,
문학과 비문학.
태초에 문학이 있었고
그 담에 문학이 아닌 것이 나타났다.

문학은 인간을 향하는 텍스트.
단어에 특별함을 상징으로 담고
그렇게 품어낸 의미로 감정을 다듬어
읽는 이의 삶을 보듬는다.

비문학은 세상을 향하는 텍스트.
평범한 단어들을 논리로 엮고
그렇게 풀어낸 의미로 이성을 깨워
읽는 이의 세상을 넓혀 간다.

나를 위한 문학,
우리를 위한 비문학.
심장에 문학,
두뇌에 비문학.
안(內)의 문학,
밖(外)의 비문학.

📖 텍스트의 두 얼굴

우리가 글을 읽을 때 처음 마주하는 갈래는 크게 두 가지다. 문학과 비문학. 모든 텍스트는 이 두 갈래로 나뉜다. 누군가는 "왜 굳이 구분해야 하지?"라고 묻는다. 하지만 이 구분에는 단순한 분류 이상의 의미가 있다. 문학은 인간을 향하고, 비문학은 세상을 향한다. 이 두 갈래는 글이 바라보는 방향, 글이 전하려는 방식, 글이 닿으려는 마음의 자리를 다르게 한다. 그래서 문학과 비문학을 안다는 건 텍스트를 이해하는 첫걸음이다.

문학은 인간을 향하는 텍스트다. 단어 하나에 상징을 담고, 문장 하나에 감정을 얹는다. 시, 소설, 수필 같은 문학 작품은 언어를 통해 인간의 내면을 들여다본다. 문학은 삶의 조각들을 이야기로 엮어 내고, 그 안에 감정과 상상을 채운다. 읽는 이는 그 이야기 속에서 자신의 모습을 발견하고, 자신의 마음을 비춰 본다. 문학은 삶을 보듬는 글이다. 문학을 읽는 건 다른 이의 이야기를 빌려 나를 들여다보는 일이다.

반면 비문학은 세상을 향하는 텍스트다. 단어를 논리로 엮고, 사실로 설명하며, 정보를 전달한다. 설명문, 논설문, 기사문 같은 비문학은 세상의 구조와 이치를 설명한다. 비문학은 감정보다 이성에 호소한다. 읽는 이는 글 속에서 지식과 정보를 얻고, 세상을 이해할 수 있는 관점을 배운다. 비문학은 세상의 넓이를 보여 주는 글이다. 비문학을 읽는 건 세상 밖으로 나아가는 일이다.

문학과 비문학은 각기 다른 역할을 한다. 문학은 나를 위한 글이고, 비문학은 우리를 위한 글이다. 문학은 개인의 마음에 닿아 위로하고 공감한다. 비문학은 공적인 영역에서 사회와 소통하고 세상을 넓힌다. 한쪽은 심장을 두드리고, 한쪽은 두뇌를 깨운다. 문학은 안(內)을 향하고, 비문학은 밖(外)을 향한다. 그래서 둘 다 필요하다. 둘 다 함께 읽어야 삶이 깊어지고 세상이 넓어진다.

많은 이들이 시험 공부를 하며 비문학에만 집중한다. 하지만 문학을 빼놓고 글을 읽는 건 마음의 언어를 잃는 일이다. 감정 없는 이성은 차갑고, 이성 없는 감정은 막연하다. 문학과 비문학은 서로를 보완한다. 두 갈래를 모두 걷는 독서가 더 단단한 사고와 더 깊은 마음을 만든다. 글의 길에는 두 갈래가 있지만, 그 끝은 결국 더 나은 나, 더 넓은 세상이다.

다음에 책을 펼칠 때 이렇게 물어보자. "이 글은 나를 향하는가, 세상을 향하는가?" 문학과 비문학, 두 얼굴의 텍스트가 오늘도 우리를 기다리고 있다. 심장과 두뇌, 안과 밖을 모두 품는 독서. 그것이 읽기의 진짜 힘이다.

시와 소설

시는 멈추고, 소설은 걷는다.

시는 멈추는 글.
하나의 행,
하나의 시어,
하나의 심상에 멈춰서서
압축되어 품어진 의미를,
그 안의 여백과 상징을,
읽을수록 펼쳐지는 구조를,
읽는다. 해석한다.

소설은 걷는 글.
줄거리의 흐름,
인물의 변화,
사건의 전개.
시간을 따라, 공간을 따라
서사를 따라, 사건을 따라
인물의 언행을, 시대의 배경을
읽는다. 해석한다.

삶을 다루지만,
호흡이 다르다.

시는 멈추고, 소설은 걷는다.

📖 시는 멈추고 소설은 걷는다

문학은 삶을 다룬다. 시도, 소설도 결국 인간의 이야기를 담는다. 하지만 두 장르는 삶을 담는 방식이 다르다. 시는 멈추고, 소설은 걷는다. 이 말은 단순한 비유가 아니다. 시와 소설의 읽는 방식, 생각하는 방식, 느끼는 방식의 차이를 담고 있다. 같은 인간의 이야기라도 시에서는 한 장면에 멈추고, 소설에서는 사건의 흐름을 따라간다. 그래서 시와 소설은 우리에게 다른 리듬을 요구한다.

시는 멈추는 글이다. 한 줄의 시어, 하나의 이미지에 마음을 붙잡는다. 짧은 문장 안에 압축된 의미가 담겨 있고, 그 안에는 상징과 여백이 숨어 있다. 시는 읽을수록 더 넓어지고 깊어진다. 눈에 보이지 않는 것을 상상하게 하고, 말하지 않은 것을 추측하게 한다. 한 문장에, 한 단어에, 한 음절에 수많은 해석이 가능하다. 시를 읽는 일은 마치 한 점의 그림을 오래 바라보는 일과 닮았다. 천천히, 깊게, 멈추어 읽어야 한다.

반면 소설은 걷는 글이다. 줄거리를 따라 움직인다. 사건이 일어나고, 인물이 변하고, 상황이 바뀐다. 시간과 공간이 흘러간다. 독자는 그 흐름에 발을 맞춰 걸어야 한다. 인물의 언행, 시대의 배경, 사건의 연속성. 소설은 읽는 이에게 '다음'을 요구한다. 다음 장면, 다음 사건,

다음 문장을 향해 나아가게 한다. 그래서 소설을 읽는 건 길을 걷는 일과 닮았다. 발걸음을 멈출 수도 있지만, 결국 다음으로 나아가야 한다.

시는 삶의 한 순간을 정지시켜 보여 준다. 한 조각의 감정, 한 장면의 심상, 한 순간의 통찰. 그 짧고 농축된 순간에 멈추어 그 안을 들여다본다. 소설은 그 순간들이 이어진 이야기다. 시와 같은 순간이 소설 속에서는 흐름이 되고, 변화가 되고, 결과가 된다. 시와 소설은 모두 삶을 다루지만, 호흡의 길이가 다르다. 시는 짧고 깊은 숨이고, 소설은 길고 이어지는 숨이다.

그래서 시와 소설을 읽는 자세는 다르다. 시를 읽을 땐 멈추어야 한다. 한 구절을 다시 읽고, 곱씹고, 마음속에서 울리게 해야 한다. 소설을 읽을 땐 걸어야 한다. 다음 장으로 나아가며 인물과 사건을 함께 움직여야 한다. 시는 멈추고, 소설은 걷는다. 이 차이를 아는 순간, 두 장르는 더 매력적으로 다가온다.

문학은 결국 우리 삶의 축소판이다. 멈춰야 할 순간이 있고, 걸어가야 할 순간이 있다. 시와 소설은 각자 그 순간을 가르쳐 준다. 오늘 당신은 어디에 서 있는가? 멈춰야 할 시간인가, 걸어가야 할 시간인가? 시는 멈추는 법을, 소설은 걸어가는 법을 가르쳐 준다. 그 두 가지 리듬이 우리 삶을 더욱 풍요롭게 한다.

이성과 감성

머리는 고개를 끄덕인다.
논리의 사다리를 올라
차가운 이성이 손을 내밀 때
우리는 옳음을 이해한다.
명쾌한 근거는 의심을 잠재우고
정연한 구조는 수긍을 불러낸다.
그러나, 고개만 움직였을 뿐이다.

가슴은 떨림으로 응답한다.
말보다 먼저 눈빛을 읽고
문장 너머의 진심을 감지하며
뜨거운 감성이 마음을 흔든다.
우리는 그제야 다가가고
그제야 비로소 움직인다.

머리는 설득을 시작하고
가슴은 설득을 완성한다.
머리는 사실을 말하고
가슴은 의미를 느낀다.
고개의 움직임은 사람을 움직일 수 없다.
마음이 움직여야 발걸음이 따라간다.

이성과 감성,
하나는 길을 비추고
하나는 그 길을 걷게 한다.
이성과 감성,
하나는 설득하고
하나는 변화시킨다.

📖 머리와 마음이 함께 이끄는 힘

우리는 설득당할 때 먼저 머리로 고개를 끄덕인다. 논리의 사다리를 하나씩 오르며, 이성의 손을 잡고 "맞아, 그렇구나" 하고 이해한다. 명쾌한 근거는 의심을 잠재운다. 정연한 구조는 수긍을 불러낸다. 이성은 생각을 설득하는 힘이다. 그러나 이성만으로는 완전하지 않다. 머리는 고개를 끄덕였지만, 몸은 여전히 그 자리에 서 있다. 설득은 시작되었지만, 움직임은 아직 일어나지 않았다.

그 움직임은 마음의 떨림에서 시작된다. 가슴은 논리보다 먼저 눈빛을 읽는다. 문장 속 문장, 말 뒤에 숨은 진심을 감지한다. 감성은 생각을 넘어 마음을 흔든다. 그리고 그 떨림이 느껴질 때, 사람은 비로소 다가간다. 비로소 움직인다. 이성은 이해를 주지만, 감성은 다가감을 낳는다. 설득은 머리에서 시작하지만, 마음에서 완성된다.

머리는 사실을 말하고, 가슴은 의미를 느낀다. 머리는 정답을 말하고, 가슴은 진심을 느낀다. 고개를 끄덕이는 것만으로는 충분하지 않다. 사람을 움직이는 건 고개가 아니라 마음이다. 마음이 움직여야 발걸음이 따르고, 마음이 움직여야 행동이 따른다. 설득은 머리와 마음을 동시에 향해야 한다. 이성은 생각을 열고, 감성은 마음을 연다. 그 둘이 함께할 때 설득은 힘을 얻는다.

이성과 감성은 서로 다른 일을 맡는다. 이성은 길을 비춘다. 감성은 그 길을 걷게 한다. 이성은 방향을 가리키고, 감성은 발걸음을 떼게 한다. 이성은 설득을 시작하고, 감성은 설득을 완성한다. 둘 중 하나만으로는 부족하다. 머리와 마음이 함께할 때, 우리는 더 멀리 나아갈 수 있다. 더 깊이 연결될 수 있다.

이성과 감성은 서로의 빈자리를 메운다. 하나는 길을 만들고, 하나는 그 길을 걷게 한다. 이성이 없으면 방향을 잃고, 감성이 없으면 한 걸음도 나아가지 못한다. 이성은 논리의 등불을 들고 앞길을 밝히고, 감성은 마음의 발로 그 길 위를 걸어간다. 이성은 생각을 세우고, 감성은 그 생각을 따뜻하게 품는다.

이성과 감성이 함께할 때, 사람은 더 멀리 나아가고, 더 깊이 연결된다. 설득이 이해를 넘어 공감을 품을 때, 변화는 비로소 시작된다. 그렇게 머리와 마음이 함께 만든 설득은, 단순한 고개의 끄덕임을 넘어 마음을 움직이고 삶을 바꾸는 힘으로 남을 수 있다.

이성과 감정

이성은 언제나
감정보다 느리지만
감정보다 꼼꼼하다.

감정이 있는 곳을
직선으로 가로질러
뜨거운 마음이
지나간 자리를
차가운 머리가
찬찬히 훑어서
무엇이 남고
무엇이 비었는지를 묻는다.

이성은 나눈다.
사실과 가치를,
말과 의도를,
지금의 원인과 이후의 결과를.

나누고 분해하고
질문을 던지고
해답을 고민하며
시간을 견뎌 낸다.

이성은 구성한다.
불완전한 조각을 꿰어
가능한 구조를 만들기 위해
논리의 사다리를 세우고
말을 다듬어
의미의 집을 짓는다.

이성은 설득한다.
고개를 끄덕이게 하고
자기 안의 모순을 바라보아
다른 생각을 포용하여
내 사유의 공간 속
그 자리의 옆을 내어 준다.

📖 사유는 감정을 건너간다

이성은 학습의 뒤편에서 작동한다. 감정이 먼저 마음을 열어, 학습의 시작인 '배움'이 일어난다. 그 뒤를 따라 이성이 등장해, 그 열린 마음의 공간을 살핀다. 감정이 지나간 자리에는 흔적이 남는다. 예컨대, 강한 인상으로 남은 문장, 누군가의 말, 강의실 안의 공기 같은 것들. 이성은 그 흔적들을 조용히 분석하며 묻는다. "무엇이 남았는가, 무엇이 빠졌는가." 배움이 흘러간 자리에서 익힘이 시작되고, 그 익힘은 이성을 통해 구조화된다.

이성은 나눈다. 사실과 가치를 구분하고, 말과 의도를 분리한다. 예를 들어 누군가 "오늘 좀 불편했어"라고 말할 때, 그 말 자체보다 그 이면에 있는 감정과 의도를 따져 보는 일과 같다. 이 과정은 다소 번거롭고 피곤하지만, 학습에서는 꼭 필요하다. 문장을 독해할 때, 그리고 질문을 분석할 때, '무엇이 묻힌 정보이고 무엇이 핵심인가'를 가르는 힘이 여기에 있다. 명확한 기준으로 같은 것을 분류하고 다른 것을 구분하는 능력이다. 감정은 이 구분을 흐릴 수 있지만, 이성은 그 선을 명확하게 그린다.

하지만 이성은 단지 해체하는 도구만은 아니다. 그 조각들을 다시 꿰어 의미 있는 구조를 만들 수 있어야 한다. 학생이 긴 지문을 읽고 요약할 때, 말장난이 아닌 사고의 골격이 필요하다. 논리의 사다리를 세우고, 문장을 다듬어 의미의 집을 짓는다. 익힘이란 결국 이런 설계의 작업이다. 무작정 암기하는 것이 아니라, 정보의 조각을 연결해 앎의 구조를 짓는 것이다. 이성은 이 연결을 가능하게 만든다. 그래서 앎은 감정보다 늦게 도착하지만, 훨씬 더 오래 머문다.

이성은 설득한다. 이성의 설득은 단지 말로 이기는 것이 아니다. 내 안의 모순을 바라보는 힘, 다른 사람의 입장을 이해하려는 시도, 내가 놓친 논리를 다시 구성해 보는 성찰에서 시작된다. 시험에서 틀린 문제를 되짚어 보는 힘, 자기 글을 다시 읽으며 스스로 비판하는 힘이 바로 이성이다. 학습이 성장하려면 이 자기 설득이 먼저 일어나야 한다. 이성은 그 과정을 조용히 그러나 단단하게 돕는다.

감정은 배움의 문을 열지만, 이성은 그 배움을 지탱한다. 감정은 시작이고, 이성은 구조다. 마음의 떨림이 사유로 이어지기 위해서는 그 사이에 반드시 이성의 사다리가 놓여야 한다. 학습은 결국 감성과 이성 사이에서 이루어지는 왕복이다. 그 오가는 길을 견디고, 사유를 붙잡고, 나를 설득하는 것이 이성의 진짜 힘이다.

감성과 공감

손끝의 떨림, 눈빛의 울림,
침묵 속에 스며드는 진심.
말보다 먼저, 글보다 먼저,
사람과 사람 사이를 건너는,
말이 아닌 느낌으로 마음을 여는 힘.

깊숙이 숨겨 놓은 상처를
낮은 한숨 하나로 꺼내 놓고
잊은 줄 알았던 기억을
익숙한 향기와 냄새로 되살리는
평정을 뒤흔드는 감성의 힘.

너의 아픔을 내 고통처럼
너의 기쁨을 내 즐거움처럼
논리를 넘어
삶의 결을 공유하는
느낌을 연결하는 감성의 힘.

한 문장의 떨림이
한 사람의 내일을 바꾸고
한 순간의 눈물이
한 사람의 일생을 바꾼다.
기쁨과 노여움, 그리고 슬픔과 즐거움,
사람을 움직이는 건
항상 마음이었다.
그리고 그 마음을 움직여 행동하게 하는 것도
항상 감성이었다.

📖 마음을 잇는 힘

사람과 사람 사이를 잇는 힘은 언제나 말보다 먼저 다가온다. 손끝의 떨림, 눈빛의 울림, 침묵 속의 진심이 말보다 먼저 마음을 연다. 감성은 단어 이전의 언어다. 우리는 설명보다 느낌으로 먼저 이해한다. 한마디도 하지 않아도, 상대의 기분을 짐작하고 안부를 느낀다. 감성은 마음의 촉수다. 그것은 설명 대신 직접 마음을 건드린다. 마음은 마음을 알아본다. 그렇게 시작된 감성의 연결은 설명보다 빠르고 깊다.

감성의 힘은 기억을 흔든다. 한숨 하나에 오래 숨겨 둔 상처가 스며 나온다. 익숙한 향기 하나에 잊은 줄 알았던 기억이 돌아온다. 감성은 평정을 깨뜨리고 마음의 깊은 곳을 뒤흔든다. 그래서 감성은 때때로 불편하고 아프다. 그러나 그 아픔 속에서 우리는 자신의 진짜 마음을 마주한다. 감성은 마음의 숨겨진 방을 열게 한다. 닫혀 있던 마음의 문이 열리면, 그 안에 있던 감정들이 서서히 모습을 드러낸다. 감성은 기억과 감정을 되살리는 열쇠다.

공감은 감성의 다른 이름이다. 너의 아픔을 내 고통처럼, 너의 기쁨을 내 즐거움처럼 느끼는 일. 공감은 논리를 넘어선다. 이성으로 설명할 수 없는 삶의 결을 공유하는 감각이다. 함께 울고, 함께 웃고, 함께 분노하고, 함께 기뻐한다. 공감은 생각의 일치가 아니라 느낌의 나눔이다. 공감이 있어야 사람은 타인을 이해한다. 이해는 단순한 동의가 아니라 느낌을 함께하는 자리에서 비롯된다. 공감은 서로의 마음을 향해 조용히 다가가는 다리다.

때로는 한 문장의 떨림이 한 사람의 내일을 바꾼다. 한 순간의 눈물이 한 사람의 인생을 움직인다. 기쁨과 노여움, 슬픔과 즐거움. 사람을 움직이는 건 언제나 마음이었다. 마음이 행동을 낳고, 감정이 결심을 낳는다. 감성은 단순한 감각이 아니라 세상을 움직이는 원동력이다. 그 힘은 눈에 보이지 않지만, 삶의 가장 중요한 순간마다 나타난다. 마음은 생각보다 더 먼 곳까지 닿는다. 감성은 삶의 결을 따라 퍼져 나가는 힘이다.

감성은 연약한 것처럼 보이지만 깊고 강하다. 그 깊이가 사람을 더 사람답게 만든다. 마음이 연결될 때, 우리는 더 넓은 세계를 본다. 그 연결이 사람과 사람 사이에 다리를 놓는다. 다리는 서로 다른 세계를 이어 준다. 그 다리를 건너는 용기 속에 이해가 있고, 공감이 있다. 감성은 마음을 건너는 길을 만든다. 그 길 위에서 우리는 타인의 마음을 만나고, 자신의 마음도 다시 만난다.

감정과 상상력

이야기로 배우는
인간의 감정.

제비가 물어 준 박을 깨고
부자가 된 흥부의 이야기로 배우는 기쁨.
콩쥐를 괴롭히는
팥쥐 이야기로 배우는 분노.
어려서 부모님을 여읜
신데렐라 이야기로 배우는 슬픔.
왕자의 키스로 깨어난
백설공주 이야기로 배우는 즐거움.

이야기로 배우고
경험으로 익히는
희로애락(喜怒哀樂),
그렇게 성장하는 따뜻한 아이.

이야기로 배우는 아이의 상상력.

제비가 물어 준 박을 깨고
부자가 된 흥부로 상상하는
깨진 박의 모습,
기뻐하는 흥부 식구들의 모습.

콩쥐를 괴롭히는
팥쥐로 상상하는
콩쥐와 팥쥐의 행동과 표정.

어려서 부모님을 여읜
신데렐라로 상상하는
신데렐라의 마음과 정서.

왕자의 입맞춤으로 깨어난
백설공주로 상상하는
왕자와 백설공주의 아름다움과 행복.

상상력은
보이지 않는 것을 인식하는 힘,
폭발적인 지식 성장의 토대.

📖 이야기가 키우는 마음의 힘

우리는 이야기를 통해 감정을 배운다. 이야기 속 주인공이 느낀 기쁨, 분노, 슬픔, 즐거움을 따라가며 마음이 열린다. 흥부가 제비가 물어 준 박을 깨고 부자가 되는 이야기는 기쁨을 알려 준다. 콩쥐를 괴롭히는 팥쥐의 이야기는 분노를 느끼게 한다. 신데렐라는 부모를 잃은 슬픔을 전하고, 백설공주는 왕자의 키스로 깨어난 즐거움을 전한다. 이렇게 이야기는 감정을 담아 우리에게 다가온다. 이야기 속 감정이 아이의 마음에 천천히 스며든다. 감정을 배우는 과정은 마음의 폭을 넓히는 첫걸음이다.

아이는 이야기를 들으며 감정을 이해하고 공감하는 법을 배운다. 기쁜 이야기에 함께 웃고, 슬픈 이야기에는 함께 눈물을 글썽인다. 이야기 속 인물의 마음을 따라가며 자신의 감정을 돌아본다. 이 과정에서 감정의 결을 느끼고, 감정의 이름을 배운다. 이야기는 감정을 안전하게 경험하게 해 주는 공간이 된다. 현실에서는 쉽게 다가올 수 없는 감정들도 이야기 안에서는 자연스럽게 만날 수 있다. 이야기는 감정을 배우는 가장 따뜻한 교실이다. 감정을 배우는 아이는 조금씩 더 깊어진다.

이야기는 상상력도 키운다. 아이는 이야기 속 장면을 머릿속에 그리기 시작한다. 흥부가 박을 깨는 장면, 콩쥐와 팥쥐가 마주 보는 장면, 신데렐라의 슬픈 얼굴, 백설공주의 아름다운 모습. 이야기는 상상력을 자극하는 재료가 된다. 상상은 보이지 않는 것을 그려 보는 힘이다. 글자로만 존재하는 이야기가 머릿속에서 그림이 되고, 장면이 되고, 세상이 된다. 상상력은 지식을 쌓는 토양이 된다. 이야기를 들으며 아이의 마음속 세계는 더 넓어지고, 더 깊어지고, 더 다채로워진다.

감정과 상상력은 따로 떨어져 있지 않다. 이야기를 따라 상상할 때, 감정은 더 깊어진다. 상상 속 인물의 마음을 헤아리며 감정의 폭이 넓어진다. 동시에 감정이 깊어질수록 상상은 더 풍부해진다. 감정과 상상력은 서로를 키우는 힘이다. 이 두 힘이 함께할 때, 아이는 더 따뜻하고 넓은 마음을 가진 사람으로 성장한다. 이야기는 감정과 상상력을 키우는 공간이다. 그 안에서 아이는 자신의 마음과 타인의 마음을 이해하고, 세상을 바라보는 눈을 얻는다.

그리고 그 눈은 언젠가 다른 사람의 마음을 바라보는 눈이 된다. 감정과 상상력은 단지 나를 위한 힘이 아니라, 타인을 이해하고 품는 힘이 된다. 이야기를 듣던 아이는 세상 모든 사람의 사연을 상상할 줄 아는 어른으로 자란다. 타인의 기쁨과 슬픔, 아픔과 기쁨을 함께 느낄 수 있는 마음이 자라난다. 상상은 공감이 되고, 공감은 존중이 된다. 그렇게 이야기는 인간을 향한 마음을 키운다. 이야기가 키운 감정과 상상력은 결국 인간을 더 인간답게 만든다. 그 마음 위에 서는 순간, 우리는 서로를 이해할 수 있는 가능성을 발견한다.

앎과 실천

배우고 익혀서
앎의 마을에 닿은 아이.

하지만 세상은
하나도 달라지진 않았다.

"이제 다시 떠나야 해."
미소를 잃은 아이가 읊조린다.

이해는 목적지가 아니라 출발점,
다음 길은 익숙하지만 낯설다.

여전히 손에는 책과 연필,
그러나 이번엔
굳은 심지와 튼튼한 두 다리,
광야와 사람들이 기다린다.

머리에서 손과 발로
문장에서 실생활로
앎을 행동으로 옮기는 일,
틀린 것을 바로잡는 일.
앎은 실천을 만나
깨달음을 얻고
몸에 새겨진다.

그제야 아이는 다시 웃었다.

📖 이해에서 행동으로 나아가는 길

공부는 한 아이가 앎의 마을에 도착하는 여정과 같다. 배우고 익히며 아이는 지식의 집을 하나씩 세운다. 책을 읽고, 문제를 풀고, 설명을 들으며 이해의 열쇠를 손에 쥔다. 그렇게 아이는 어느 순간 "알았다"고 말할 수 있게 된다. 하지만 세상은 변하지 않았다. 세상은 여전히 그대로다. 아이가 이해에 도달했어도, 세상은 이해만으로는 움직이지 않는다. 앎의 마을에 도착한 아이는 그제야 깨닫는다. "이해는 끝이 아니구나."

이해는 도착지가 아니라 출발점이었다. 이제 아이는 다시 길을 나서야 한다. 그 길은 익숙하면서도 낯설다. 이미 아는 것 같지만, 막상 걸어 보면 처음 마주하는 풍경이다. 손에는 여전히 책과 연필이 들려 있다. 하지만 이제 아이의 손에는 굳은 심지와 단단한 다짐이 함께 쥐어져 있다. 길에는 광야가 펼쳐지고, 수많은 사람들이 기다리고 있다. 이해로 채운 마음만으로는 그 길을 걸을 수 없다.

실천은 머리에서 손과 발로 이어지는 일이다. 앎을 행동으로 옮기는 일이다. 문장에서 실생활로, 생각에서 움직임으로, 이론에서 실천으로. 그 과정은 결코 쉽지 않다. 실천은 틀린 것을 바로잡는 일이다. 잘

못된 것을 바로잡으려면 용기가 필요하다. 이해는 이론을 만들어 내지만, 실천은 세상을 바꿔 낸다. 행동하지 않으면 이해는 책 속에 머문다. 실천할 때만이 이해는 몸에 새겨진다.

실천 속에서 깨달음이 태어난다. 이해가 행동과 만날 때, 앎은 진짜 자신의 것이 된다. 실천하지 않은 이해는 공허하다. 하지만 실천 속의 이해는 흔들리지 않는다. 행동으로 옮겨진 이해는 사람을 성장하게 한다. 머리로 알던 것이 손과 발의 기억으로 남는다. 그 기억은 다시 아이를 웃게 한다. "이제야 진짜 알았어." 아이는 그렇게 말한다.

앎은 멈추는 것이 아니다. 실천이 있을 때, 앎은 계속 걸어간다. 이해로 세운 집은 실천으로 다져지고, 실천 속에서 다시 새로운 이해가 자란다. 앎과 실천은 따로가 아니라 하나의 흐름이다. 앎은 실천으로 완성되고, 실천은 앎으로 돌아온다. 그리고 그 순환의 끝에, 조용히 웃는 아이의 얼굴이 남는다. 그 웃음 안에, 배움의 모든 길이 담겨 있다.

앎과 지혜

길을 걸어 세상을 지나
아이에게 남은 건
손때 묻은 연필과 해진 신발.

하지만
아이의 눈빛은 깊어졌고,
아이의 생각은 단단해졌다.

앎을 실천하는 과정에서
다시 마주한 앎의 마을,
예전과 같았지만, 또 달랐던 마을.

책 속 문장은 여전했지만
읽어 내는 의미가 달라졌다.
읽히지 않았던 문장에서도
쉽사리 의미가 드러났다.

삶을 돌아와
기억이 아닌, 사고의 일부가 된 앎,
지혜가 된 지식.

머리로 알았던 모든 것이
이제는 마음에 닿아 있었다.

📖 삶을 통과해 마음에 닿은 배움

공부는 책상 위에서만 이루어지지 않는다. 아이는 길을 걸으며 세상을 지나온다. 손에는 닳아진 연필이 쥐어져 있고, 발에는 해진 신발이 신겨져 있다. 그 길 위에서 아이는 넘어지고, 다시 일어서고, 수많은 질문과 답을 만난다. 세상은 아이에게 매일 새 문제를 내어 준다. 아이는 그 문제에 답을 쓰며 조금씩 나아간다. 손때 묻은 연필과 닳은 신발은 그 여정의 흔적이다. 그렇게 아이는 길 위에서 자란다.

하지만 가장 크게 변한 것은 겉이 아니라 아이의 눈빛과 생각이다. 아이의 눈빛은 깊어졌다. 세상을 바라보는 시선이 더 넓고 깊어졌다. 아이의 생각은 단단해졌다. 예전에는 쉽게 흔들리던 마음이 이제는 쉽게 무너지지 않는다. 앎을 실천하는 과정이 아이를 바꾼 것이다. 배운 것을 행동으로 옮기고, 실천 속에서 실패하고 다시 배우며 아이는 변했다. 배움은 이해로 끝나지 않고 실천으로 이어져야 한다. 그 실천이 아이를 성장시켰다.

다시 돌아온 앎의 마을은 예전과 같았다. 하지만 동시에 달랐다. 마을은 같은데, 아이가 달라졌다. 예전에는 눈에 보이지 않던 문장이 이제는 읽혔다. 예전에는 이해되지 않던 말이 이제는 마음에 들어왔다.

같은 책, 같은 문장이었지만, 그 안에서 읽어 내는 의미는 달랐다. 삶을 돌아온 아이는 이제 책 속에서 더 많은 것을 발견했다. 읽기의 깊이가 달라졌다. 앎은 실천을 통해 더 넓어진 것이다.

지식은 이제 기억이 아니라 사고의 일부가 되었다. 머릿속에 남아 있던 지식이 마음속으로 스며들었다. 머리로 알았던 것이 마음에 닿았다. 이제 그 앎은 단순한 정보가 아니라 삶의 기준이 되었다. 아이는 지식을 안다고 말하지 않았다. 다만 그 지식으로 생각하고, 느끼고, 행동했다. 그렇게 지식은 지혜가 되었다. 지식이 삶 속에서 녹아들며, 아이의 일부가 되었다.

앎과 지혜는 다르다. 앎은 이해에서 시작되지만, 지혜는 실천과 사유를 통과한다. 지혜는 시간 속에서 다져지고, 경험 속에서 쌓인다. 머리로 알던 모든 것이 마음에 닿을 때, 앎은 비로소 지혜가 된다. 지혜는 더 이상 배워야 할 것이 아니라, 살아내야 할 것으로 남는다. 그리고 그 지혜는, 아이의 깊어진 눈빛 속에 고요히 빛난다.

Chapter 4

교과별 학습

독해와 분석

독해(讀解)는
텍스트 읽기의 첫 번째 문.
글이 무엇을 말하는가를
정확히 이해하는 일.
글의 표면을 따라가며
주제, 주장, 정보, 서술 방식을
놓치지 않고 받아들이는 과정.
글의 얼굴을 읽는 일.

분석(分析)은
독해 그 너머의 문.
글이 어떻게 말하고 있는가를
해부하는 일.
글의 속살을 파헤치며
글의 구조, 논리 전개, 표현 기법을
세밀하게 해체하는 과정.
글의 뼈대를 읽는 일

국어 학습의 루틴,
독해와 분석.
글 전체를 통으로 읽어서
큰 흐름을 잡는 독해.
문장별로, 문단별로,
전개 방식을 파악하고
글의 구조를 살피는 분석.

"무엇을 말하는가"를 읽어 내고,
"어떻게 말하고 있는가"까지 읽어 내는
국어 학습의 기본 루틴.

📖 글을 읽는 두 개의 창

국어 공부를 시작할 때 가장 먼저 만나는 단어가 있다. 바로 독해다. 독해는 글을 읽고 이해하는 과정이다. 표면적으로는 단순히 글을 읽는 것처럼 보이지만, 사실 그 안에는 많은 일이 일어난다. 글의 주제는 무엇인지, 중심 주장과 근거는 무엇인지, 어떤 정보를 담고 있는지를 정확히 파악하는 과정이다. 글의 얼굴을 바라보며 그 표정을 읽어 내는 일이라고 할 수 있다. 독해는 글의 겉모습을 온전히 받아들이는 문이다. 글을 제대로 읽는 첫 번째 단계다.

하지만 독해만으로 글을 다 읽었다고 할 수 있을까? 그다음 문이 필요하다. 그 문이 바로 분석이다. 분석은 글의 속으로 들어가는 과정이다. 글이 '무엇을 말하는지'에 그치지 않고, '어떻게 말하고 있는지'를 해부하는 일이다. 글의 구조는 어떻게 되어 있는지, 논리 전개는 어떤 방식인지, 어떤 표현 기법이 사용되었는지를 따져 본다. 글의 뼈대를 해체하며 속살까지 들여다보는 일이다. 분석은 독해의 깊이를 더하는 작업이다.

독해와 분석은 국어 공부의 루틴이다. 독해는 글을 전체적으로 통으로 읽어 큰 흐름을 잡는 과정이다. 반면 분석은 글을 문장별, 문단별로

쪼개어 전개 방식을 살피는 과정이다. 예를 들어, 글의 흐름 속에서 '여기서 전환이 일어났구나' '이 부분이 근거구나' 하는 포인트를 짚어 내는 것이다. 독해가 숲을 보는 일이라면, 분석은 나무 하나하나를 살피는 일이다. 두 가지는 따로가 아니라 함께 이루어져야 한다.

많은 학생이 독해만 하고 분석을 놓친다. 글의 내용을 이해했다고 해서 글을 다 읽었다고 착각하기 때문이다. 하지만 분석 없이 독해만 하면 글의 겉모습에 머물 수 있다. 반대로 분석만 하고 독해를 소홀히 하면 전체 흐름을 잃어버린다. 독해와 분석은 글을 이해하는 두 개의 창이다. 하나는 넓게 보고, 하나는 깊게 본다. 두 창이 함께 열릴 때 비로소 글의 진짜 모습이 보인다.

국어 공부는 이 두 가지 창을 반복해서 여는 과정이다. "무엇을 말하는가"를 읽어 내고, "어떻게 말하고 있는가"를 읽어 내는 것. 이 두 질문이 국어 공부의 기본 루틴이다. 독해로 전체를 보고, 분석으로 세부를 살핀다. 이 과정 속에서 우리는 글을 더 잘 이해하고, 더 잘 설명할 수 있는 힘을 기른다. 글의 얼굴을 읽고, 글의 뼈대를 읽는 일. 그것이 국어 공부의 기본이다.

글을 잘 읽는다는 건 단순히 내용을 아는 게 아니다. 글의 구조를 알고, 글의 방식까지 이해하는 일이다. 그래서 독해와 분석은 시험 준비를 넘어서 생각하는 힘을 기르는 훈련이다. 오늘 당신은 글을 읽을 때 어느 창을 더 열고 있었는가? 이제 두 창을 모두 열고, 글을 더 깊고 넓게 바라보자. 글 속 세상이 새롭게 펼쳐질 것이다.

요약과 비평

요약은 읽은 글을
다시 짓는 일.
글의 중심 주장과 핵심 근거만을 추려
자신의 언어로 새롭게 정리하는 과정.
긴 숲을 걷고 난 뒤,
진짜 나무만 남기는 일.
읽기의 압축.
이해의 증명.

비평은 읽은 글을
거울에 비추는 일.
주장의 설득력, 논리의 탄탄함, 표현의 효과성을
따져 묻는 과정.
스스로 세운 기준에 빗대어
읽은 글의 신뢰 여부를 판단하는 일.
이해의 증명.
창의의 시작.

요약과 비평.
읽기에서 사고로,
이해에서 평가로.
글의 심장을 찾아
글에 숨결을 붓다.

📖 글의 심장을 찾아 숨결을 불어 넣기

책을 읽는다는 건 단순히 눈으로 글자를 쫓는 일이 아니다. 읽기의 끝에는 무언가를 남기는 과정이 있다. 그 과정 중 하나가 바로 요약이다. 요약은 읽은 글을 짧게 줄이는 것이 아니다. 글의 중심 주장과 핵심 근거를 내 언어로 새롭게 다시 짓는 일이다. 마치 빽빽한 숲을 지나와서 정말 중요한 나무만 골라내는 것과 같다. 요약은 읽기의 압축이자, 이해의 증명이다. 제대로 이해하지 못하면 요약할 수 없다. 요약은 생각을 정리하고, 기억을 단단히 붙잡는 도구다.

그렇다면 요약만으로 충분할까? 아니다. 읽기의 다음 단계에는 비평이 있다. 비평은 읽은 글을 다시 바라보는 일이다. 단순히 '좋았다', '별로였다'는 감상문이 아니다. 주장의 설득력, 논리의 탄탄함, 표현의 효과성 등을 따져 묻는 과정이다. 글을 거울에 비춰 보듯, 글의 얼굴을 다시 살펴보는 것이다. 비평은 나만의 기준을 세우고, 그 기준에 비춰 글을 판단하는 일이다. 비평은 읽기를 넘어서 평가의 자리로 나아가는 행위다.

요약과 비평은 읽기의 성격을 바꾼다. 요약은 이해의 깊이를 확인하는 과정이고, 비평은 평가와 창의를 발휘하는 과정이다. 요약은 글의 심장을 찾는 일이라면, 비평은 그 심장이 제대로 뛰고 있는지를 확인하는 일이다. 이 둘이 만나야 읽기가 사고로, 이해가 평가로 발전한다. 요약 없이 비평을 하면 공허하다. 비평 없이 요약만 하면 수동적이다. 두 가지가 함께할 때 읽기는 더 넓고 깊어진다.

많은 학생이 요약과 비평을 어려워한다. 요약을 '글 줄이기'로, 비평을 '단순한 평가'로 착각하기 때문이다. 하지만 요약은 글을 줄이는 것이 아니라 의미를 추리는 일이다. 비평은 평가를 넘어서 자신의 생각을 더하는 일이다. 요약과 비평은 글을 그냥 받아들이는 것이 아니라 글에 숨결을 불어넣는 과정이다. 그 숨결은 내 것이고, 내 생각이다. 그래서 요약과 비평을 할 때마다 글은 내 안에서 한 번 더 살아난다.

요약과 비평은 단순히 시험 기술이 아니다. 글을 읽는 태도이자, 사고하는 습관이다. 책을 읽을 때마다 요약하고, 나만의 비평을 남겨 보자. 처음엔 서툴 수 있다. 하지만 반복할수록 글을 보는 눈이 달라진다. 요약과 비평은 글과 나 사이의 거리를 좁혀 준다. 글을 더 잘 이해하고, 더 깊이 생각하게 한다. 읽기의 끝은 다시 쓰기, 그리고 다시 보기다. 요약하고 비평하며, 글의 심장을 찾고 그 심장에 숨을 불어넣자.

이해와 암기

외국어도 국어,
어느 외국의 국어,
국어 학습의 기초는 이해,
이해는 뜻을 읽어 내는 힘,
단어 하나, 문장 하나, 구문 하나가
말하고 있는 바를 정확히 파악하는 일.

영어는 외국어,
외국어도 언어,
언어는 소통의 도구,
그래서 중요해진 속도.

암기는 속도를 만드는 힘.
이해한 것을 빠르게 꺼내서
망설임 없이 사용할 수 있도록 만드는 일.
반복하고, 익히고, 저장하여
몸에 기억으로 새기는 외국어.

이해와 암기는
외국어 학습의 양 날개.
이해가 없으면 기억이 떠다니고,
암기가 없으면 이해가 사라진다.
외국어 학습의 유일 원칙,
'이해하고 외우고, 외우며 다시 이해한다.'

📖 외국어 공부의 두 날개

외국어를 배운다는 건 결국 다른 나라의 국어를 배우는 일이다. 영어든 일본어든 중국어든, 그 언어는 그 나라 사람들의 '모국어'다. 그래서 외국어 공부는 단순히 낯선 언어를 배우는 게 아니라 그 나라의 국어 공부를 다시 시작하는 것이다. 국어 공부의 기초가 '이해'에 있듯, 외국어 공부도 이해에서 출발한다. 단어 하나, 문장 하나, 구문 하나가 무엇을 말하고 있는지를 정확히 파악하는 능력. 그것이 외국어 공부의 첫 단추다.

언어는 소통의 도구다. 외국어도 결국 언어다. 언어를 배우는 이유는 다른 사람과 의미를 주고받기 위해서다. 그런데 여기서 문제가 생긴다. 국어라면 천천히 생각해도 되지만, 외국어는 그렇지 않다. 실제 소통에서는 속도가 중요하다. 머릿속으로 "이건 어떤 문법이지?" "이건 무슨 단어였지?"를 하나하나 떠올리기에는 시간이 모자란다. 언어는 살아 있고, 대화는 흐른다. 그래서 외국어 공부에는 속도를 높이는 연습이 필요하다.

속도를 만드는 힘은 암기에서 나온다. 암기는 이해한 것을 빠르게 꺼낼 수 있도록 만든다. 마치 서랍에 잘 정리된 도구처럼, 필요할 때 바로 꺼내 쓸 수 있어야 한다. 암기는 단순 반복 이상의 의미를 가진다. 반복하고, 익히고, 저장하여 몸에 새기는 일. 머리만이 아니라 몸에 기억으로 남기는 과정이다. 그래서 암기는 무작정 외우는 게 아니라, 이해 위에 쌓이는 기억이어야 한다. 이해 없는 암기는 흩어지고, 암기 없는 이해는 사라진다.

이해와 암기는 외국어 학습의 양 날개다. 한쪽 날개만으로는 날 수 없다. 이해만 하고 암기를 게을리하면 말문이 막힌다. 암기만 하고 이해하지 않으면 문장을 조립하듯 말할 수 없다. 두 날개가 함께 움직여야 비로소 외국어가 내 것이 된다. 이해로 시작하고, 암기로 다지고, 암기로 다시 이해로 돌아오는 순환. 이해하고 외우고, 외우며 다시 이해하는 것. 이것이 외국어 공부의 유일한 원칙이다.

많은 학생이 이해와 암기를 따로 떼어 생각한다. "먼저 외우고 나중에 이해하자"거나, "이해만 하면 암기는 필요 없다"고 말한다. 하지만 두 가지는 별개의 과정이 아니라 서로 얽혀 있는 하나의 흐름이다. 이해하면서 외우고, 외우면서 이해하는 과정 속에서 외국어는 살아난다. 그래서 외국어 공부는 반복과 확인, 이해와 암기의 교차로다. 이 길 위에 선 사람만이 진짜 언어의 힘을 얻는다.

외국어 공부는 재능의 문제가 아니다. 이해와 암기의 균형을 꾸준히 맞추는 노력의 문제다. 오늘 당신의 공부는 어느 쪽에 더 치우쳐 있는가? 이해에만 머물고 있지 않은가? 암기에만 갇혀 있지는 않은가? 두 날개를 함께 펴고 날아야 더 멀리 간다. 이해하고 외우고, 외우며 다시 이해하는 반복 속에서 외국어는 당신의 것이 된다.

문법과 활용

문법은
언어의 뼈대

문법 학습은
문장을 정확히 세우기 위해
시제, 조동사, 관계사 같은
규칙들을 익히는 일.

문장의 질서를 만들고,
의미의 구조를 세운다.

활용은
언어의 근육
문법을 움직이게 하는 힘

머릿속에 저장된
문법 규칙을
말하고, 쓰고, 읽고, 들으며
문장 안에서 자연스럽게
작동시키는 일

언어로 접근하는
외국어 학습의 정도(正道)
이해와 활용.

이해로 시작된 문법이
활용으로 완성된다.

죽어 있던 문법이
활용으로 살아난다.

📖 언어를 배우는 뼈대와 근육

언어를 배우는 데 있어 가장 먼저 만나는 것은 문법이다. 문법은 언어의 규칙이다. 문장을 어떻게 세워야 하는지, 어떤 순서로 단어를 배열해야 하는지, 어떤 형태로 단어를 바꿔야 하는지를 알려 준다. 시제, 조동사, 관계사 같은 개념은 문법의 기본 요소다. 마치 건물을 세울 때 필요한 뼈대처럼, 문법은 언어라는 집을 지탱한다. 문법이 없으면 문장은 무너진다. 그래서 문법을 배우는 건 단순히 규칙을 외우는 것이 아니라 언어의 구조를 이해하는 일이다.

하지만 문법만으로는 언어를 배울 수 없다. 문법은 필요하지만 충분하지 않다. 머릿속에 문법 규칙을 다 알고 있어도, 실제로 말하거나 쓸 때 그 규칙이 자동으로 나오지 않으면 소용없다. 여기서 등장하는 개념이 활용이다. 활용은 문법을 움직이게 하는 힘이다. 문법을 '아는 것'에서 '쓸 줄 아는 것'으로 바꾸는 과정이다. 마치 운동을 통해 근육이 만들어지듯, 활용을 통해 문법은 살아난다. 죽어 있던 규칙이 살아 움직이기 시작한다.

활용은 연습 없이는 이루어지지 않는다. 처음엔 문장을 만들기 위해 머릿속에서 문법 규칙을 일일이 떠올린다. 하지만 연습을 거듭하면 그 규칙들이 자동화된다. 예를 들어, "과거 시제니까 동사에 -ed를 붙여야지"라는 생각이 더는 필요 없어지는 것이다. 이때부터 문법은 머릿속 참고서가 아니라 자연스러운 언어 감각으로 자리 잡는다. 문법은 이해에서 출발해 활용으로 완성된다. 이해만 하고 멈추면 문법은 머릿속에서 잠들어 있다.

문법과 활용의 관계는 이론과 실천의 관계와 닮았다. 이론을 공부하는 것만으로는 일을 잘할 수 없다. 실천을 통해 몸으로 익혀야 한다. 마찬가지로, 문법 규칙을 배우는 것만으로는 말을 잘할 수 없다. 실제로 써 보고, 말해 보고, 틀려 보면서 익혀야 한다. 활용이 없으면 문법은 교과서 속 내용으로만 남는다. 활용이 문법을 현실로 끌어낸다. 이 두 가지가 함께해야 비로소 언어가 내 것이 된다.

많은 사람이 문법 공부를 지루해한다. 규칙을 외우는 데서 끝나기 때문이다. 하지만 문법은 활용될 때 비로소 재미있어진다. 내가 배운 규칙이 실제 문장 안에서 쓰이고, 그 문장으로 내가 원하는 말을 할 수 있을 때 성취감이 생긴다. 문법은 도구다. 도구는 쓰기 위해 배우는 것이다. 이해로 시작된 문법이, 활용으로 완성된다. 그래서 언어를 배우는 길은 문법과 활용, 두 길을 함께 걸어야 한다.

언어를 잘한다는 건 단순히 문법 시험을 잘 본다는 뜻이 아니다. 문법이라는 뼈대 위에 활용이라는 근육을 얹어야 한다. 뼈대만 있으면 움직이지 못하고, 근육만 있으면 흐물거린다. 두 가지가 함께 있을 때 비로소 튼튼하고 유연한 언어가 만들어진다. 문법과 활용은 언어 학습의 두 축이다. 오늘 당신의 언어 공부는 뼈대를 세우고 있는가, 아니면 근육을 키우고 있는가? 두 가지를 모두 챙겨야 진짜 언어의 힘이 생긴다.

이해와 숙달

이해는
수학 학습의 시작.
개념과 원리,
그 수학적 의미를
정확하게 아는 일.

공식을 외우기 전에
문제를 풀어 보기 전에
왜 그렇게 되는지를 스스로 묻고,
논리적으로 설명할 수 있어야 한다.

숙달은
수학 학습의 다음.
개념과 원리,
머릿속 이해를
손끝으로 옮기는 일.

무작정 풀지 말고,

한두 문제 풀지 말고,

앞선 이해를 바탕으로 유용한 공식을 외우며,

문제 풀이가 손에 익어야 한다.

내용 읽기로 이해하고,

문제 풀이로 숙달한다.

이해가 깊을수록 숙달이 빠르고

숙달이 높을수록 다음 이해가 쉽다.

수학 학습의 두 걸음,

수학 체력을 기르는 두 세션,

이해와 숙달.

📖 수학 공부의 두 걸음

수학 공부를 시작할 때 가장 먼저 해야 할 일은 무엇일까? 많은 사람이 공식을 외우고 문제를 풀기 시작하지만, 그보다 앞서 필요한 것이 있다. 바로 이해다. 이해는 수학 공부의 출발선이다. 공식이 왜 그런 모양인지, 어떤 원리로 만들어졌는지를 아는 것이 첫걸음이다. 단순히 외우는 것이 아니라 그 공식이 설명하는 수학적 의미를 파악하는 것이 중요하다. 이해가 없으면 수학은 그저 기호의 나열일 뿐이다. 이해는 수학이라는 세계에 들어가는 열쇠다.

이해 없이 문제를 푼다면 어떻게 될까? 답을 맞힐 수는 있을지 모른다. 하지만 비슷한 문제가 조금만 바뀌어 나오면 손이 멈춘다. 그래서 문제를 풀기 전에 '왜 그렇게 되는지'를 묻는 태도가 필요하다. 내가 이 공식을 쓰는 이유는 무엇인지, 이 단계가 왜 필요한지를 생각해야 한다. 그 이유를 스스로 논리적으로 설명할 수 있을 때 비로소 제대로 이해했다고 할 수 있다. 이해 없는 문제 풀이는 요행에 기대는 도박과 다르지 않다.

이해를 넘어서는 두 번째 단계가 있다. 그것은 숙달이다. 숙달은 머릿속에 있는 이해를 손끝의 능력으로 옮기는 과정이다. 아무리 잘 이해해도, 문제를 풀어 보지 않으면 그 이해는 쉽게 사라진다. 숙달은 이해의 흔적을 반복 속에 새기는 일이다. 무작정 문제를 많이 푼다고 숙달이 이루어지는 건 아니다. 이해를 바탕으로 필요한 공식을 외우고, 다양한 문제를 풀어 보며 풀이 방법을 손에 익히는 과정이 필요하다. 숙달은 양보다 질 높은 반복에서 나온다.

많은 학생이 숙달의 과정에서 실수를 한다. 한두 문제만 풀고 "알았다"고 생각하거나, 이해하지 못한 상태로 무작정 문제를 푼다. 이 두 가지는 모두 불완전한 숙달로 이어진다. 숙달은 이해의 기반 위에 세워져야 한다. 이해 없이 반복만 하면 실수를 반복할 뿐이다. 반대로 이해가 깊으면 같은 반복이라도 더 빠르고 정확하게 습득된다. 이해가 깊을수록 숙달이 빠르고, 숙달이 깊을수록 다음 이해가 쉬워진다. 이해와 숙달은 서로 돕는 친구다.

결국 수학 공부는 이해와 숙달, 두 걸음으로 이루어진다. 이해 없이 숙달만 해서는 안 되고, 숙달 없이 이해만 해도 안 된다. 이해는 수학의 뼈대, 숙달은 그 뼈대에 살을 붙이는 일이다. 이해와 숙달이 만나야 수학 실력이 쌓인다. 수학 공부는 마라톤과 같다. 단거리 질주가 아니라, 꾸준히 두 걸음을 번갈아 밟아 나가는 장기전이다. 이해와 숙달을 반복할수록 수학 체력은 강해진다.

수학은 재능보다 훈련이 중요하다. 그리고 그 훈련은 이해와 숙달이라는 두 세션으로 구성된다. 이해로 시작하고, 숙달로 다지고, 다시 이해로 이어지는 반복. 이 과정을 성실히 밟아 가는 사람이 결국 수학이라는 긴 여정을 완주한다. 그러니 오늘도 자신에게 물어보자. "나는 지금 이해하고 있는가? 나는 제대로 익히고 있는가?" 이 두 질문이 수학 공부의 나침반이 되어 줄 것이다.

풀이와 검토

문제 풀이는
주어진 조건을 분석하고,
질문을 정확히 해석하고,
적절한 전략을 선택하여
답에 이르는 길을 찾는 일.

그것은
문제의 구조를 읽어 내는 일.
조건은 힌트,
질문은 방향,
다양한 방법에서
선택은 사고의 책임.

문제의 답을 구한 뒤,
풀이를 되짚는다.
논리적 비약은 없었는가?
문제 조건에 어긋난 단계는 없었는가?
답이 맞았어도

풀이가 틀렸다면,
결국 틀린 것이라는 태도로.

정답보다 중요한 건,
정답에 이르는 사고의 길.
논리적 사고 능력을 키우는 길.

풀이와 검토는
사고의 정밀도와 신뢰성을 높이는 훈련.

📖 답을 넘어 사고를 키우는 여정

문제를 푼다는 건 단순히 답을 찾는 일이 아니다. 종이에 적힌 숫자와 문자를 읽고, 계산하고, 답을 쓰는 것처럼 보일지 모른다. 하지만 그 안에는 훨씬 더 복잡하고 흥미로운 과정이 숨어 있다. 문제 풀이는 주어진 조건을 해석하고, 질문의 의도를 파악하고, 어떤 전략으로 접근할지를 선택하는 과정이다. 마치 미로를 탐험하는 것과 비슷하다. 출발점과 도착점은 알려졌지만, 그 사이 길은 스스로 찾아야 한다. 그래서 문제 풀기는 단순한 계산이 아니라 생각의 설계다.

좋은 문제 풀이자는 먼저 문제의 구조를 읽는 사람이다. 문제 속에 제시된 조건들은 힌트다. 이 힌트들이 어떤 제약을 주는지, 어떤 가능성을 열어 주는지를 분석해야 한다. 질문은 방향을 제시한다. 무엇을 구하라는 건지, 어디로 향하라는 건지 묻는다. 그리고 여러 가지 풀이 방법 중 하나를 선택하는 순간, 우리는 사고의 책임을 지게 된다. 어떤 공식을 쓸지, 어떤 단계로 접근할지를 정하는 건 단순한 기술이 아니라 판단력의 발휘다. 문제 풀이에는 늘 선택과 책임이 따른다.

답을 찾았다고 끝이 아니다. 풀이를 검토하는 과정이 필요하다. 과연 내가 세운 논리의 다리에는 빈틈이 없었는가? 어떤 단계에서 비약이 있었던 건 아닌가? 문제의 조건을 잘못 해석하거나 빠뜨린 부분은 없었는가? 답이 맞았다고 해서 모든 과정이 옳았다는 보장은 없다. 풀이가 틀렸다면, 답이 맞아도 결국 틀린 것이다. 이 태도는 단순히 점수를 위한 것이 아니다. 스스로의 사고를 점검하고 다듬는 태도다. 정답보다 생각의 과정이 더 중요하다는 믿음에서 나온다.

이런 태도는 시험 문제를 풀 때만 필요한 게 아니다. 인생의 문제도 비슷하다. 어떤 선택을 해야 할지, 어떤 길로 나아가야 할지 고민할 때 우리는 나름의 조건과 질문을 가지고 있다. 그 조건과 질문을 잘 해석해야 좋은 선택이 나온다. 그리고 선택 후에는 자신이 지나온 길을 되돌아봐야 한다. 그 길이 옳았는지, 더 나은 방법은 없었는지를 생각해야 한다. 답보다 더 중요한 건 답에 이르는 사고의 길이다. 그 길이야말로 우리의 성장을 이끈다.

풀이와 검토는 단순히 답을 맞히기 위한 훈련이 아니다. 생각의 정밀도와 신뢰성을 높이는 훈련이다. 자신이 어떤 생각의 경로를 밟았는지를 확인하고, 그 과정에서 얻은 깨달음을 다음 문제에 적용하는 것. 그것이 문제 풀이의 진짜 의미다. 문제 풀기는 머리를 쓰는 연습이면서, 동시에 자기 자신과 대화하는 시간이다. 그리고 이런 과정을 거쳐 우리는 조금씩 더 깊이 사고하는 사람이 된다.

그러니 문제를 풀 때는 점수나 정답에만 집착하지 말자. 그 문제를 통해 내가 무엇을 배우고 있는지를 생각하자. 답을 맞추는 것도 중요하지만, 그보다 중요한 건 답에 다다르는 사고의 길을 스스로 걸어가는 경험이다. 그 경험이 쌓일수록 우리는 더 나은 질문을 하고, 더 나은 답을 찾아가는 사람이 될 수 있다. 결국 문제 풀기는 답을 찾는 연습이 아니라, 생각하는 법을 배우는 연습이다.

관찰과 해석

자연 현상,
실험 결과,
조사 자료들을
주의 깊게 보고, 정확하게 기록한다.

주의 깊게 본다는 건,
무엇에 주목할지 아는 일.
감각에 의존하는 단순함을 넘어,
어떤 변화를 기록해야 하는지,
어떤 요인이 중요한지를
생각하며 본다는 것.

정확하게 기록한다는 건,
어떻게 측정할지 아는 일.
주관적인 느낌을 넘어,
객관적인 기준으로
어떤 단위를 사용해야 하는지
판단하고 기록한다는 것

그러나 관찰만으로는
세상을 설명할 수 없다.

관찰한 내용을
과학적 개념이나 법칙과 연결하여
의미를 찾아내는 해석.

'왜'를 물으며
연결할 이론을 생각한다.
객관적인 설명 방법을 찾는다.

관찰과 해석,
현상 너머에 숨어 있는
과학적 원리와 의미를 끌어내자.

📖 세상을 읽는 두 개의 눈

세상을 이해하는 일은 생각보다 복잡하다. 우리는 매일 수많은 현상을 마주한다. 날씨가 변하고, 식물이 자라며, 사람들의 행동이 달라진다. 이런 현상들을 단순히 보는 것과 주의 깊게 관찰하는 것은 다르다. 관찰은 '본다'의 업그레이드 버전이다. 그냥 보는 것은 피상적이다. 관찰은 무엇을 봐야 할지를 아는 것에서 출발한다. 중요한 것과 덜 중요한 것을 구별하고, 의미 있는 변화를 놓치지 않는 태도다. 이게 바로 관찰의 첫걸음이다.

하지만 관찰은 그냥 '본다'로 끝나지 않는다. 기록이 따라와야 한다. 아무리 잘 보아도 기록하지 않으면 기억은 희미해진다. 그런데 여기서 중요한 건 '어떻게' 기록하느냐다. 단순히 "오늘 식물의 키가 컸다"라고 적는 것으로는 부족하다. 얼마나 컸는지, 어떤 도구로 쟀는지, 어떤 조건에서 자랐는지를 구체적으로 기록해야 한다. 주관적인 느낌이 아니라 객관적인 수치를 남겨야 한다. 관찰과 기록은 쌍둥이 같은 관계다. 하나가 없으면 다른 하나도 제 역할을 못 한다.

그렇다고 관찰과 기록만으로 세상을 이해할 수 있을까? 아쉽지만 그렇지 않다. 여기서 필요한 게 해석이다. 해석은 관찰된 사실을 넘어서 왜 그런 일이 일어났는지 이유를 묻는 과정이다. 기록된 숫자와 현상을 그냥 나열하는 데서 멈추지 않고, 그것들 사이의 관계를 찾는다. 비유하자면, 관찰은 재료를 모으는 일이고, 해석은 그 재료로 요리를 만드는 일이다. 숫자와 현상이 '무엇'인지 아는 걸 넘어, '왜'와 '어떻게'를 설명할 수 있어야 한다. 그래야 비로소 이해가 완성된다.

관찰과 해석은 과학자들만의 일이 아니다. 사실 우리 모두가 매일 이 두 가지를 사용하며 산다. 예를 들어, 친구가 오늘따라 말수가 적다면 "왜 그러지?" 하고 생각하지 않는가? 그 순간 우리는 관찰한 사실(친구가 조용하다)을 넘어 해석(무슨 일이 있었나?)을 시도한다. 관찰만으로는 답을 찾을 수 없으니, 과거의 일이나 친구의 상황을 떠올리며 이유를 추리한다. 우리는 일상의 작은 과학자다. 다만 그것을 의식하지 못할 뿐이다.

그렇다면 어떻게 더 좋은 관찰자, 더 나은 해석자가 될 수 있을까? 첫째, 관찰의 폭을 넓히는 연습이 필요하다. 한 가지 관점만으로 보지 않고, 다양한 시선으로 보는 것이다. 둘째, 기록의 정확성을 높여야 한다. 기억에 의존하지 않고, 가능한 객관적인 수단을 사용하자. 셋째, 해석할 때는 편견을 경계해야 한다. 처음 떠오른 이유가 항상 정답은 아니다. 다른 가능성을 열어 두는 열린 마음이 필요하다. 세상을 이해한다는 건 한 줄짜리 해답을 찾는 게 아니라, 여러 갈래의 길 위에 서는 일이다.

마지막으로, 관찰과 해석은 결국 세상을 더 잘 살아가기 위한 도구다. 단순히 과학의 영역에만 머무르지 않는다. 사람을 이해하고, 사회를 읽고, 나 자신을 돌아보는 데에도 이 두 가지는 필요하다. 관찰과 해석이 없다면 우리는 그저 흐름에 휩쓸릴 뿐이다. 하지만 이 두 가지를 품으면, 우리는 스스로 선택하고 설명하며 나아갈 수 있다. 세상은 관찰하는 만큼 보이고, 해석하는 만큼 넓어진다. 이제 당신의 눈과 마음은 무엇을 보고, 어떤 의미를 찾아낼 준비가 되었는가?

이론과 실험

이론은
현상을 이해하려는
생각의 틀.
오늘을 설명하고,
내일을 예측한다.

논리로 그린
세계의 지도.
그리고 그것은,
가설의 토대,
새로운 이론의 씨앗.

실험은
생각의 씨앗을 틔우는 시험.
세상의 언어로 가설을 번역하고,
현실의 땅에서 싹이 트는지 살핀다.

과학적 사고.
이론을 묻는 실험,
실험을 해석하는 이론.
씨줄과 날줄처럼 얽혀
진리의 직물을 짜 올린다.

📖 생각과 현실이 만나는 자리

우리는 세상을 이해하고 싶어 한다. 하늘이 왜 푸른지, 물은 왜 흘러가는지, 나무는 왜 자라는지. 이런 질문들에 답하기 위해 인간은 이론을 만든다. 이론은 세상을 설명하려는 생각의 틀이다. 일어난 일을 이해하고, 앞으로 일어날 일을 예측하려는 시도다. 마치 세상의 지도를 그리듯, 복잡한 현상을 한눈에 볼 수 있도록 단순화한다. 지도가 실제 땅은 아니지만 길을 찾게 도와주듯, 이론도 완전한 진리는 아니지만 방향을 제시해 준다. 이론은 세상을 읽는 설명서다.

그렇다고 이론이 혼자 힘으로 완성되진 않는다. 이론은 늘 실험과 손을 맞잡는다. 이론은 말하자면 "이렇게 되지 않을까?"라는 물음이고, 실험은 "그게 정말 맞는지 보자!"라는 답변이다. 실험은 이론을 현실의 언어로 번역한다. 머릿속 생각을 세상 밖으로 꺼내어 검증하는 과정이다. 아무리 멋진 생각도 실험의 검증을 통과하지 못하면 이론이 될 수 없다. 실험은 생각의 씨앗을 틔우는 시험이다. 실험 없이는 이론도 뿌리내릴 수 없다.

이론과 실험은 서로 끊임없이 물어보고 답하는 관계다. 이론이 없으면 실험은 방향을 잃는다. 무엇을 실험해야 할지 모른 채 무작정 시도

하는 꼴이 된다. 반대로 실험이 없으면 이론은 공중에 뜬다. 세상과 연결되지 못한 상상에 불과하다. 과학은 이 두 가지가 서로의 씨줄과 날줄이 되어 직물을 짜는 과정이다. 이론이 실험을 부르고, 실험이 다시 이론을 낳는다. 그렇게 진리는 조금씩 구체적인 모습으로 다가온다.

이 관계는 마치 작가와 편집자의 관계와도 비슷하다. 작가는 이야기를 쓰고, 편집자는 그것을 다듬는다. 이론은 상상력과 논리로 세상을 설명하려 하고, 실험은 그 설명이 타당한지를 확인한다. 둘은 긴장하면서도 협력하는 사이다. 그래서 과학의 발전은 늘 질문과 검증의 반복 위에 세워진다. 한 번의 멋진 발견으로 끝나지 않는다. 끊임없이 틀리고, 수정하고, 더 나은 설명으로 나아가는 과정이다. 그게 과학의 매력이다.

우리 삶도 다르지 않다. 우리는 늘 나름의 이론을 세운다. "이렇게 하면 잘될 거야." "이런 방법이 맞을 거야." 그런 생각을 바탕으로 행동하고, 그 결과를 보고 다시 생각을 고친다. 이론과 실험은 과학자들의 전유물이 아니다. 살아가는 모든 이의 방식이다. 그러니 혹시 오늘의 실험이 실패했다고 해도 낙담하지 말자. 실패도 중요한 실험의 일부다. 그 실패 덕분에 더 나은 이론이 태어나기 때문이다.

이론과 실험은 따로 떨어져 있지 않다. 생각과 현실이 만나는 자리에 늘 함께 있다. 이론은 세상을 설명하려 하고, 실험은 그 설명을 현실 속에서 시험한다. 둘은 각자의 역할을 하면서도 서로를 의지한다. 그리고 그 긴 여정 속에서 우리는 조금씩 더 깊이 세상을 이해한다. 이제 당신은 어떤 이론을 세우고, 어떤 실험을 시도해 볼 준비가 되었는가?

사실과 가치

'대통령은 국민의 투표로 뽑힌다.'
그저 일어난 일,
판단 없는 기록,
있는 그대로의 세상.
이것이 사실.

'대통령 선거는 민주주의를 지탱하는 기둥이다.'
옳고 그름을 묻고,
중요함을 부여하는,
생각의 색깔.
이것이 가치.

사실은 묻는다.
"무엇이 일어났는가?"
가치는 묻는다.
"이 일은 왜 중요한가?"

사실은 바닥,
가치는 집.
단단한 사실 위에,
바른 가치를 세워야
사회가 곧게 선다.
사회가 파악된다.

📖 세상을 읽는 두 가지 질문

우리는 매일 수많은 정보를 접하며 살아간다. 뉴스, 기사, 소문, SNS… 세상은 이야기로 가득하다. 그런데 이 이야기들을 그냥 흘려보낼 수도 있지만, 자세히 들여다보면 두 가지 다른 질문이 숨어 있다. 하나는 "무엇이 일어났는가?"이고, 다른 하나는 "이 일이 왜 중요한가?"이다. 전자는 사실을 묻는 질문이고, 후자는 가치를 묻는 질문이다. 이 두 가지 질문은 세상을 이해하는 두 개의 눈이다. 둘 다 있어야 세상을 온전히 볼 수 있다. 둘 중 하나라도 놓치면 세상의 모습은 불완전해진다.

예를 들어 보자. "대통령은 국민의 투표로 뽑힌다." 이 문장은 사실을 담고 있다. 누가, 무엇을, 어떻게 했는지를 있는 그대로 말한다. 여기에는 판단도, 평가도 없다. 그냥 일어난 일을 기록하는 것이다. 이게 바로 사실이다. 사실은 세상의 모습과 사건을 정확히 그리는 바탕이다. 마치 건물의 기초공사처럼, 사실이 제대로 기록되어야 그 위에 다른 이야기를 쌓을 수 있다. 하지만 사실만으로는 세상을 충분히 설명할 수 없다.

우리는 단순히 "일어났다"로 끝내지 않기 때문이다. 그 일이 왜 중요한지, 어떤 의미를 가지는지를 알고 싶어 한다. 그래서 등장하는 게 가치다. 예를 들어, "대통령 선거는 민주주의를 지탱하는 기둥이다."라는 문장은 단순한 사실을 넘어서 평가와 의미를 담고 있다. 대통령 선거가 그냥 투표 행위에 그치지 않고, 민주주의라는 체제의 핵심적 요소로 자리 잡고 있다는 해석이다. 가치는 생각의 색깔을 입힌다. 사실이 무채색이라면, 가치는 색을 더하는 일이다.

사실과 가치는 서로 다른 질문을 던진다. 사실은 "무엇이 일어났는가?"를 묻고, 가치는 "왜 중요한가?"를 묻는다. 이 둘은 따로 떼어낼 수 없다. 사실이 없으면 가치는 공중에 뜬다. 기반 없는 주장일 뿐이다. 반대로 가치가 없으면 사실은 단순한 데이터 나열에 그친다. 우리는 사실을 모으는 데서 멈추지 않는다. 그 사실 위에 의미를 세우고, 그 의미를 통해 방향을 잡는다. 사실과 가치의 결합이야말로 사회를 이해하고 움직이는 힘이다.

생각해 보면, 사실은 땅이고, 가치는 집이다. 단단한 땅 위에 튼튼한 집이 서듯, 정확한 사실 위에 올바른 가치가 세워져야 한다. 땅이 약하면 집은 무너진다. 마찬가지로, 왜곡된 사실 위에 잘못된 가치가 세워지면 사회는 불안해진다. 하지만 반대로, 견고한 사실 위에 바른 가치를 세우면 사회는 건강하게 서 있을 수 있다. 사실은 우리에게 "무엇이 있었는지"를 말해주고, 가치는 "어떻게 살아야 하는지"를 이끌어 준다. 둘 다 필요하다.

우리는 세상을 바라볼 때 이 두 가지 질문을 늘 함께 품어야 한다. 한쪽만 있으면 균형을 잃는다. 사실을 무시한 가치 판단은 공허하다. 가치를 배제한 사실 나열은 무감각하다. 사실과 가치, 두 가지 눈을 열어야 비로소 세상이 선명해진다. 그러니 다음에 뉴스를 보거나 어떤 이야기를 들을 때 이렇게 물어보자. "이건 무슨 사실이지? 그리고 왜 중요한 거지?" 그 질문이 당신을 더 깊은 이해로 이끌어 줄 것이다.

구조와 변화

사회를 읽는 두 시각,
구조와 변화.

구조는 사회의 뼈대

시간을 멈춰
사회의 구조를 파악한다.

특정의 시각과 사건에서
서로가 서로와
어떻게 연결되어 있는가?

변화는 이유 있는 흐름

시간을 따라
사회의 변화를 읽는다.

시간과 사건을 따라
사회의 연결이
어떻게 달라지는가?

구조는
사회를 이해하는 지도,
변화는
사회를 해석하는 시간.

구조를 읽고,
변화를 살핀다.

📖 사회를 읽는 두 개의 지도

세상을 이해하려면, 그 안의 규칙을 알아야 한다. 사회도 마찬가지다. 그냥 사람들이 모여 사는 곳이 아니라, 수많은 규칙과 관계, 제도로 얽혀 있는 복잡한 시스템이다. 이 복잡함을 풀어내기 위해 우리는 두 가지 관점을 사용한다. 하나는 구조라는 시각, 다른 하나는 변화라는 시각이다. 구조는 '지금 이 순간, 사회가 어떻게 짜여 있는가'를 보여 준다. 변화는 '시간이 흐르면서 사회가 어떻게 달라지는가'를 설명한다. 이 두 가지는 마치 정지 화면과 동영상 같다. 둘 다 필요하다.

먼저 구조에 대해 생각해 보자. 구조를 이해한다는 건 사회의 설계도를 읽는 일과 같다. 학교, 정부, 기업 같은 조직은 어떤 규칙으로 움직이는가? 사람들은 어떤 관계망 속에서 연결되어 있는가? 법, 제도, 규칙은 어디에 영향을 주는가? 이런 질문들이 구조를 밝히는 열쇠다. 구조는 사회의 뼈대다. 뼈대가 있어야 몸이 서 있듯, 구조가 있어야 사회가 굴러간다. 구조를 알면 '왜 이런 일이 벌어졌는지'를 설명할 수 있다. 하지만 구조만으로는 사회를 다 이해할 수 없다.

왜일까? 구조는 고정된 순간을 보여 줄 뿐이기 때문이다. 사회는 살아 움직이는 존재다. 그래서 두 번째 관점인 변화가 필요하다. 변화는 시간과 사건을 따라 사회가 어떻게 변해 가는지를 추적한다. 어떤 법이 만들어지면 무엇이 달라지는가? 기술의 발전이 직업에 어떤 영향을 주는가? 이런 질문들은 변화를 읽는 시선이다. 변화를 이해한다는 건 원인을 찾고 결과를 설명하는 일이다. 사회는 고정된 그림이 아니라, 끊임없이 그려지고 지워지는 드로잉이다.

구조와 변화는 서로 따로 존재하지 않는다. 구조는 변화를 설명해 주고, 변화는 구조를 다시 만든다. 예를 들어, 코로나19 팬데믹은 갑작스러운 변화였다. 이 변화는 재택근무, 온라인 수업 같은 새로운 구조를 만들어 냈다. 다시 말해, 변화가 새로운 구조를 낳은 것이다. 반대로, 기존의 구조가 변화를 제한하거나 촉진하기도 한다. 강력한 법과 제도가 있으면 어떤 변화는 더디게 일어나고, 어떤 변화는 빨리 퍼진다. 구조와 변화는 서로 밀고 당기며 사회를 움직인다.

이 두 가지 관점을 갖는 건 사회를 더 깊이 이해하기 위해 중요하다. 구조만 본다면 우리는 '왜 그렇게 되었는지'를 설명하는 데 그친다. 반면, 변화만 본다면 '앞으로 무엇이 될지'를 상상하는 데 그칠 수 있다. 두 시선을 함께 가져야 우리는 '왜 그렇게 되었고, 앞으로 어떻게 될지'를 모두 생각할 수 있다. 마치 과거의 지도를 보면서 현재의 길을 찾고, 미래의 지도를 그려 나가는 일과 같다. 구조는 이해의 지도, 변화는 해석의 시간이다.

마지막으로, 사회를 읽는 일은 전문가들만의 특권이 아니다. 학생도, 직장인도, 누구나 자신이 속한 사회를 이해할 권리와 필요가 있다. 구조와 변화를 바라보는 시선은 우리의 삶에 직접적인 영향을 준다. 학교의 구조를 이해하면 공부의 방식을 바꿀 수 있다. 직장의 구조를 이해하면 더 나은 협업 방식을 찾을 수 있다. 변화의 흐름을 읽으면 더 나은 선택을 할 수 있다. 결국 사회를 읽는다는 건 나를 둘러싼 세상을 더 잘 살아가기 위한 공부다. 이제 당신은 어떤 시선으로 사회를 바라볼 준비가 되었는가?

Chapter 5

학습의 내면

읽기와 쓰기

학습을 위한 행위,
읽기와 쓰기.

읽기의 처음은 지식의 포획(捕獲),
능숙한 어부가 바다에서
싱싱한 고기를 잡듯,
능숙한 독자는 글 속에서
바른 지식을 건져 올린다.

읽기의 다음은 사고(思考),
어부가
잡은 고기를 요리하여
입속에서 잘근잘근 씹듯,
독자는
마주한 지식을 분석하여
그 의미를 곰곰이 생각한다.

저작(咀嚼)은
소화를 위한 행동,
생각은 이해를 위한 행위.

사고의 결과는 이해(理解),
소화된 고기가
어부의 영양이 되듯,
이해된 지식은
독자의 세계를 넓힌다.

이해의 끝은 표현(表現),
더 건강해진 어부가 새 활력을
움직임으로 확인하듯,
더 성장한 독자는 새 지식을
쓰고 그래서 확인한다.

📖 입에서 손끝으로 이어지는 학습

학습은 읽기로 시작해 쓰기로 이어진다. 모든 학생이 매일 하는 이 두 가지 활동 사이엔, 단순한 순서를 넘어서는 인지의 질서가 있다. 읽기는 눈으로 따라가는 것이 아니고, 쓰기는 손으로만 적는 일이 아니다. 그 사이에는 '사유'라는 다리와 '이해'라는 중심이 있다.

읽기의 첫 단계는 지식의 포획이다. 마치 어부가 그물을 던지듯, 우리는 책 속에서 의미를 건져 올린다. 이때 작동하는 것은 '선택적 주의'다. 무엇이 중요하고, 어떤 단어가 핵심이며, 어떤 문장이 낯선가를 빠르게 감별하는 순간, 독자는 이미 사유하고 있다. 능숙한 독자는 글의 흐름과 구조를 한눈에 본다. 포획은 무작위가 아니라, 의도를 가진 지적 행동이다.

다음 단계는 사고다. 포획한 지식을 머리로 다시 '씹는' 과정이다. 단순히 들은 정보를 흘려보내지 않고, 질문하고, 비교하고, 연결한다. "왜 그렇지?", "전에 봤던 내용과 어떤 차이일까?", "이걸 어디에 써먹을 수 있을까?" 사고는 연결을 만들고, 관점을 세우며, 그 지식이 어떻게 기능할지를 실험한다. 이 과정이 빠진 학습은, 흔적을 남기지 않는다.

사고는 이해로 이어진다. 이해는 '알겠다'는 감정이 아니라, 정보가 내 지식 구조 안에 들어와 자리를 잡는 상태다. 이해된 개념은 오래 기억된다. 게다가 그것은 다른 문제에도 적용될 수 있다. 즉, 이해는 '사용 가능한 상태'다. 지식이 나를 통해 움직이기 시작한 것이다.

이제 도착점은 표현이다. 표현은 학습이 완성되었는지를 확인하는 가장 정확한 방법이다. 글로 쓰고, 말로 설명하고, 누군가에게 가르쳐 보는 그 순간, 우리는 우리가 얼마나 알고 있는지를 알게 된다. 막히는 문장, 엉성한 설명은 학습의 공백을 드러낸다. 어색한 문장이야말로 '덜 이해한 것'의 증거다. 멈칫하는 그 자리, 그게 바로 우리가 채워야 할 진짜 공부다.

읽기는 정보를 끌어오는 문이다. 사고는 그것을 가공하는 부엌이고, 이해는 그것을 내 것으로 삼는 식사다. 쓰기는 그 음식을 다시 누군가에게 내어놓는 행위다. 읽고, 사고하고, 이해하고, 쓰고, 다시 그 쓰기를 돌아보며 사고와 이해를 되짚는 이 순환이 진짜 학습의 구조다.

이 구조가 익숙해지면 학습은 고통이 아니라, 하나의 창작 과정처럼 느껴진다. 자기 생각을 구조화하고, 그 구조를 언어로 드러내는 것. 그것이 학습의 즐거움이다.
지금 당신은 책을 읽고 있는가?

그렇다면 반드시 써 보라.

당신의 손끝이 멈추는 그 자리에서, 진짜 학습이 다시 시작될 것이다.

집중과 동기

배우고,
익히고,
표현하기.
학습을 구성하는 세 단계.

이 과정을 조율하는
집중의 힘.

정보의 입구에서
무엇을 받아들이고,
무엇을 흘려보낼지
즉각 판단하는
인지의 문지기.

집중의 원천은
동기,

동기가 약하면,
흐려지는 집중력

동기가 강하면,
한곳으로 모이는 마음.

학습의 동기는
지적 호기심,

무엇을 알고 싶은가가
무엇을 볼 수 있는가를 결정한다.

📖 학습을 움직이는 힘

공부는 단순한 지식의 축적이 아니다. 배우고, 익히고, 표현하는 세 단계가 하나의 흐름을 이루어야 비로소 학습이 완성된다. 이 과정이 잘 이어지려면 그 사이를 연결하고 조율하는 보이지 않는 힘이 필요하다. 그 힘이 바로 집중이다. 집중은 배우고 익히고 표현하는 과정의 중심에 있다. 집중이 흐트러지면 배우는 것도, 익히는 것도, 표현하는 것도 모두 약해진다. 학습의 실마리는 결국 집중의 유지에 달려 있다.

집중은 단순히 정신을 한곳에 모으는 일이 아니다. 집중은 정보의 입구를 지키는 문지기와 같다. 수많은 정보가 쏟아지는 가운데, 어떤 정보를 받아들이고 어떤 정보를 흘려보낼지를 즉각 판단한다. 쓸데없는 정보를 걸러 내고, 중요한 정보를 붙잡는 일. 이 선별의 과정이 집중 안에서 이루어진다. 집중이 흐트러지면 정보의 선택권을 잃는다. 무분별하게 받아들이거나 중요한 것을 놓친다. 집중은 공부의 문지기다.

이 집중을 가능하게 만드는 힘은 무엇일까? 그것은 동기다. 동기가 약하면 마음이 금방 산만해진다. 잠깐 집중하다 다른 곳으로 관심이 흘러간다. 반대로 동기가 강하면 마음이 한곳으로 모인다. 동기는 집중의 원천이다. 집중력은 단순한 의지의 문제가 아니다. 마음이 머물고 싶은 곳이 있어야 집중이 지속된다. 그래서 공부의 시작에는 늘 동기가 있다.

학습의 동기는 어디서 올까? 그것은 지적 호기심에서 나온다. "이건 왜 그렇지?" "어떻게 이런 일이 일어나지?"라는 질문이 마음속에서 피어오를 때, 집중의 불이 켜진다. 알고 싶다는 욕구가 있을 때, 보고 싶은 것이 보인다. 무엇을 알고 싶은가가 무엇을 볼 수 있는가를 결정한다. 관심의 방향이 곧 정보의 방향이 된다. 학습의 첫걸음은 호기심의 방향을 정하는 일이다.

학습은 호기심에서 출발해 동기로 이어지고, 동기가 집중으로 연결되며 완성된다. 배우고 익히고 표현하는 모든 과정은 집중이라는 실로 꿰어져 있다. 그 실이 끊기면 학습의 흐름도 끊긴다. 집중은 마음의 촛불 같아, 동기의 바람이 있어야 꺼지지 않는다. 그 바람이 불 때, 우리는 더 오래, 더 깊게 머물 수 있다. 집중은 한순간의 의지가 아니라 마음을 머물게 할 이유를 찾는 일이다. 그 이유가 있을 때, 학습의 문은 다시 열린다.

질문과 몰입

학습을 시작하는 불씨 하나,
그 불씨를 키우는 연료
"왜"라는 질문.

질문은
세상을 향한 틈,
그 틈으로
무언가를 보려는 원초적 욕망,
무언가를 알고픈 순수한 욕구.
호기심은 탐색의 동기,

낯선 것을 향하는 탐색
낯선 것이 만드는 질문
사유의 공간을 열고
의미를 찾는 궁리.
깊어지는 학습.

학습이 불붙는
몰입의 순간,
불씨가 불꽃이 되고
불꽃이 불길이 된다.

질문이란 불씨,
고민이란 연료,
몰입이란 불길.

학습이 일어나는
연소의 메커니즘.

📖 질문에서 몰입으로 타오르다

공부는 언제 시작될까? 교과서를 펼치는 순간? 수업을 듣는 순간? 아니다. 공부는 한 가지 질문에서 시작된다. "왜?"라는 질문. 이 짧은 물음이 마음속에서 피어오를 때, 학습의 불씨가 켜진다. 그 불씨는 작고 연약하다. 하지만 이 작은 불씨가 자라나야 비로소 공부가 시작된다. 질문은 세상에 틈을 만든다. 그 틈 사이로 우리는 무언가를 더 알고 싶다는 욕망을 느낀다. "왜 그렇지?"라는 물음이 탐구의 첫걸음이다.

질문은 호기심에서 태어난다. 호기심은 우리 안에 자리한 원초적 욕구다. 세상이 궁금하고, 낯선 것이 신기하고, 모르는 것을 알고 싶다. 이 욕구가 없다면 배우려는 의지도 생기지 않는다. 호기심은 탐색의 동기다. 질문은 낯선 것을 향하게 만든다. 질문은 사유의 공간을 열어 준다. 질문은 의미를 찾게 한다. 질문이 많아질수록 생각이 깊어진다. 질문은 학습의 문을 여는 열쇠다.

하지만 질문만으로는 부족하다. 질문을 키워 주는 연료가 필요하다. 그 연료는 고민이다. 질문을 그냥 던져 두면 불씨는 꺼진다. 질문을 붙잡고, 곱씹고, 생각하고, 또 생각해야 한다. 그 고민이 질문의 열기를 키운다. 고민이 깊어질수록 불씨는 불꽃으로 변한다. 그리고 어느 순간, 우리는 몰입의 상태에 들어선다. 몰입은 학습의 불꽃이 활활 타오르는 순간이다. 몰입 안에서 우리는 시간도, 공간도 잊는다.

학습은 불의 과정이다. 처음에는 작고 미약하다. 하지만 질문이 연료를 만나고, 고민이 더해지면 점점 타오른다. 몰입이 찾아오면 불씨는 불꽃이 되고, 불꽃은 불길로 자란다. 학습은 단순한 정보 수집이 아니다. 학습은 내 안의 불을 키우는 일이다. 질문이 불씨라면, 고민은 연료, 몰입은 불길이다. 이 세 가지가 만나야 학습이 제대로 불타오른다.

많은 학생이 공부의 시작을 외부에서 찾는다. 책, 수업, 문제집. 물론 다 중요하다. 하지만 공부의 진짜 출발점은 질문이다. 스스로 묻지 않으면 아무리 좋은 자료가 있어도 학습은 일어나지 않는다. 반대로 작은 질문 하나라도 있으면, 그 질문이 끝없이 탐구로 이어진다. 질문에서 시작해 고민으로 이어지고, 몰입으로 완성되는 학습의 과정. 이게 공부의 연소 메커니즘이다.

공부가 재미없다고 느껴진다면, 아마 질문이 없어서일 것이다. 질문이 없으면 불씨가 없다. 불씨가 없으면 불꽃도 없다. 당신은 지금 어떤 질문을 품고 있는가? 그 질문이 학습의 첫 불을 지핀다. 그리고 그 불은 당신을 더 넓고 깊은 세계로 이끌 것이다. 공부는 '왜?'라는 물음에서 시작해, '아!'라는 깨달음으로 이어지는 생각의 연소 과정이다.

습관과 의지

공부는 늘 버거운 일.
책상 앞에 앉는 일이,
한 문장을 읽는 일이,
단어 하나를 외우는 일이.
금세 식는 마음,
자꾸 흔들리는 의지.

"공부를 습관으로 만들면 좀 쉬워."

습관은 다른 말로 익숙해지기
시간을 정하고, 루틴을 만들면
어느 순간 익숙해지겠지만
익숙해지기 전까지는
매 순간이 저항, 작고 큰 저항.
귀찮음, 회피, 자책, 다시 결심.
매번 무너지는 나, 그러다 어느 날.

같은 시각에 책을 펼치고,
문 앞 조명에 책상에 앉고,
조금씩 낮춰지는 감정의 문턱
거부감을 대신하는 평온
습관이 되어 가는 학습.

공부가 습관이 되니
마음보다 먼저
생각보다 먼저
문장을 쫓는 나의 눈.

공부를 습관으로 만든 건 의지가 아니다.

그것은
지속적 흐름.
안정 속 반복.
굳건한 자기 신뢰.

📖 공부를 지속하는 또 하나의 힘

공부는 늘 쉽지 않다. 책상 앞에 앉는 일조차 버거울 때가 있다. 한 문장을 읽는 일, 단어 하나를 외우는 일, 작은 시도조차 무겁게 느껴진다. 마음은 금세 식고, 의지는 자꾸 흔들린다. "오늘은 그냥 쉴까?"라는 유혹이 문득 스며든다. 그러나 그 유혹을 이겨 내는 일은 생각보다 어렵다. 공부를 시작하는 일, 공부를 지속하는 일 모두 쉽지 않다.

그래서 사람들은 말한다. "공부를 습관으로 만들면 좀 쉬워진다." 습관은 다른 말로 익숙해지기다. 정해진 시간에, 정해진 방식으로 반복하다 보면 어느 순간 몸이 기억한다. 하지만 익숙해지기 전까지는 수많은 저항을 넘어야 한다. 귀찮음, 회피, 자책, 다시 결심. 매번 무너지고 다시 일어서기를 반복한다. 그 작은 싸움들이 모여 습관으로 향한다. 그리고 어느 날, 조금 달라진 자신을 마주한다.

같은 시각에 책을 펼치고, 같은 자리에서 책상에 앉는다. 그때 문득 깨닫는다. 어제와 다르지 않은 오늘인데, 마음의 무게가 줄어들었다는 것을. 감정의 문턱이 낮아지고, 거부감 대신 평온이 자리 잡는다. 공부가 여전히 어렵지만, 시작의 벽은 낮아졌다. 습관은 마음을 무겁게 하지 않는 힘이다. 더 이상 결심하지 않아도, 계획하지 않아도, 자연스레 책상에 앉게 한다. 그렇게 공부는 습관의 흐름 안으로 스며든다.

공부가 습관이 되면 마음보다 먼저, 생각보다 먼저 몸이 움직인다. 머뭇거림 없이 책을 펴고, 눈이 문장을 쫓는다. 공부를 습관으로 만든 건 처음의 의지가 아니다. 그것은 매일의 흐름, 안정 속 반복, 나를 믿는 작은 신뢰가 쌓여 만들어 낸 결과다. 결심은 순간이지만, 습관은 지속이다. 작은 반복이 쌓일 때 비로소 의지를 넘어서는 힘이 만들어진다.

습관은 의지를 대신하지 않는다. 그러나 의지를 일상으로 바꾸는 다리가 된다. 그 다리를 건너는 동안, 공부는 더 이상 "해야 하는 일"이 아니라 "하고 있는 일"이 된다. 그렇게 공부는 나의 삶 안에 조용히 자리를 잡는다. 그 자리는 흔들리지 않는 나만의 기반이 된다. 그리고 그 기반 위에서, 우리는 조용히 성장해 나간다. 성장의 발자취는 언젠가 뒤돌아보는 순간, 작은 성취의 숲으로 펼쳐진다.

호기심과 보상

학습을 지속하는 힘
학습에 집중하는 힘
그 동력은 동기.

"나는 왜 공부하려 하는가?"

하나는 호기심
지적 호기심

이해를 원하는 갈망
질문이 멈추지 않는 마음
누가 시키지 않아도
스스로 배우고 익히려는
나만의 재미.

다른 하나는 보상
힘씀의 대가

점수, 칭찬, 인정, 성취.

수단이 되어 선택되는 학습

누가 시키지 않아도

스스로 배우고 익히려는

나만의 의미.

📖 학습을 이끄는 두 개의 힘

공부를 지속하게 만드는 힘은 어디에서 올까? 왜 어떤 사람은 더 오래, 더 깊게 배우고 익히는 걸까? 학습을 이어 가는 힘, 학습에 몰입하는 힘, 그 동력의 이름은 동기다. 동기가 있어야 우리는 움직인다. "나는 왜 공부하려 하는가?"라는 질문이 동기의 출발점이다. 그 질문에 대한 답은 사람마다 다르다. 그러나 동기의 원천은 크게 두 갈래로 나뉜다. 하나는 호기심, 다른 하나는 보상이다. 이 두 힘이 학습을 움직인다.

호기심은 지적 갈망에서 비롯된다. 알고 싶다는 마음, 이해하고 싶다는 마음, 궁금증을 풀고 싶다는 마음. 질문이 꼬리에 꼬리를 물고 이어지고, 답을 찾아 가는 과정에서 기쁨이 태어난다. 누가 시키지 않아도 스스로 배우고 익히려는 마음. 호기심은 학습의 자발성을 키우는 내적 동기다. 배움 그 자체가 목적이 되고, 탐구 과정이 스스로의 보상이 된다. 이때 공부는 일이 아니라 놀이가 된다. 호기심은 학습의 불을 스스로 붙이는 힘이다.

보상은 외부에서 주어지는 동기다. 점수, 칭찬, 인정, 성취 같은 구체적 결과가 목표가 된다. 보상을 얻기 위해 공부를 선택하고, 그 보상으로 학습을 지속한다. 처음에는 외부의 기대와 기준이 출발점이었어도, 그 과정 속에서 자신만의 의미를 발견할 수도 있다. 보상은 경쟁을 낳고, 성취의 기쁨을 제공한다. 때로 보상은 학습의 지속성을 위해 현실적으로 필요한 동력이다. 보상은 수단으로 시작되지만, 목적의 문을 열어 주는 힘이 될 수 있다. 보상은 외적 동기를 내적 동기로 전환하는 다리가 될 수 있다.

호기심과 보상은 상반된 것처럼 보이지만, 함께 존재할 수 있다. 둘 중 하나만으로 학습은 충분하지 않다. 호기심만으로는 어려움과 지루함을 넘기 힘들고, 보상만으로는 마음이 오래 가지 못한다. 호기심은 학습의 불을 붙이고, 보상은 그 불을 유지시킨다. 두 힘이 균형을 이루면 학습은 더 깊어지고 더 오래 간다. 내적 동기와 외적 동기가 서로를 밀어주고 끌어 주는 관계가 될 때, 배움은 지속 가능해진다. 배움은 그 둘이 교차하는 지점에서 자신만의 의미를 만들어 간다.

결국 학습의 길은 호기심과 보상의 두 축 위에 놓인다. 하나는 스스로를 이끄는 힘이고, 하나는 세상이 주는 힘이다. 둘은 함께 학습의 발걸음을 밀어낸다. 그리고 그 발걸음이 쌓여, 나만의 배움의 길이 만들어진다. 그 길 위에서 호기심은 여전히 질문하고, 보상은 여전히 기다린다. 두 힘이 나란히 걷는 그 길은 멈추지 않는다. 배움은 끝나는 여정이 아니라, 끝없이 이어지는 길이다. 그리고 그 길 위에 서 있는 자신을 바라보며, 우리는 문득 웃게 된다.

성장과 확인

이럴 수 없다.
시험 점수가 저번 달보다 5점이나 떨어졌다.

잘못된 공부를 바꾸고 한 달,
배우기에 그치지 않고
익히기에 힘을 쏟았다.

이럴 수 없다.
시험 점수가 저번 달보다 5점밖에 안 올랐다.

공부를 알고서 공부한 한 달,
문제 풀이의 일희일비는 그만두고
읽고 생각하고 쓰고를 반복했다.

나는 안 되는 건가?
합당한 성장을 확인할 수 없다.
마음이 자꾸 제자리를 맴돈다.

그러나

지적 성장은 감각의 영역.

지금 이 순간,

성장은 진행 중.

보이지는 않지만

성장은 진행 중.

그래서

마침내 온다.

성장을 스스로 느끼는 순간.

어색했던 개념이 내가 쓴 문장에 쓰이고

처음 본 문제를 풀어내려고 애쓰고.

그 순간,

나는 분명히 안다.

내가 넘었다는 걸.

점수가 아니라

내 안에서 작동하는.

학습 효능감.

📖 점수 너머의 증거

공부를 하다 보면 결과에 마음이 흔들린다. 시험 점수가 떨어지면 "이럴 수 없다"는 절망이 스며든다. 잘못된 공부를 고치고 한 달을 노력했는데, 결과가 오히려 뒷걸음질 치는 듯 느껴진다. 배우기만 하지 않고 익히려 애썼는데, 기대만큼 성과가 보이지 않는다. 점수는 공부의 유일한 증거처럼 보인다. 그러나 그 점수가 낮게 나왔을 땐, 그동안의 노력이 무색해 보인다. 점수 하나로 나를 평가하고 싶지 않지만, 마음은 쉽게 실망한다.

다시 한 달을 공부했다. 이번에는 공부 방법을 바꿨다. 문제를 풀고 채점하는 데 집중하기보다 읽고, 생각하고, 쓰고, 정리하는 데 시간을 쏟았다. 일희일비하지 않겠다고 다짐했지만, 막상 성적표를 받아들자 마음이 요동쳤다. "이럴 수 없다"는 말이 다시 떠올랐다. 점수는 올랐지만, 기대만큼은 아니었다. 숫자로 확인하는 성장은 늘 부족해 보인다. 하지만 그 한 달, 내 안의 공부는 달라지고 있었다.

"나는 안 되는 걸까?"라는 의심이 찾아온다. 합당한 성장을 확인하고 싶은 마음이 조급해진다. 공부가 달라졌다고 믿었는데, 성적은 작은 변화밖에 말해 주지 않는다. 마음은 제자리를 맴돌고, 방향을 잃은 기분이 된다. 하지만 그때 깨닫는다. 지적 성장은 감각의 영역이라는 사실을. 성장은 눈에 보이지 않는 방식으로 진행된다. 시험 점수처럼 즉각 드러나지 않아도, 지금 이 순간에도 성장하고 있다. 마음은 아직 알아채지 못했을 뿐이다.

그리고 어느 날, 성장을 스스로 느끼는 순간이 찾아온다. 어색하게만 느껴졌던 개념이 이제는 내 글 속에 스며들고 있다. 처음 보는 문제를 만나도 무서워하지 않고, 해결책을 찾으려고 애쓴다. 아는 문제만 푸는 게 아니라, 모르는 문제 앞에 앉아 머무를 수 있다. 그때 깨닫는다. 내가 분명히 넘었다는 걸. 점수가 아닌 나의 태도에서, 내 안의 변화를 통해 알게 된다. 그 변화는 작지만 단단하다.

성장은 점수로 증명되지 않는다. 성장은 내 안에서 조용히, 그러나 깊이 진행된다. 그리고 그 성장은 언젠가 행동으로 나타난다. 더 멀리, 더 깊이 생각하는 나로 남는다. 그렇게 성장한 나는, 점수를 넘어 나 자신을 믿게 된다. 그 믿음 안에 학습의 참된 효능감이 자리한다. 그 믿음이야말로, 공부를 지속하게 만드는 진짜 힘이다.

권리와 의무

대한민국 헌법 제31조 제1항
교육을 받을 권리
모든 국민은 능력에 따라 균등하게 교육을 받을 권리를 가진다.
교육은 모든 국민의 권리.

하지만
겉으로 드러나는 권리,
안으로 숨는 의무.

동전의 뒷면처럼
아무도 주목하지 않는
교육을 받는 자의 의무.

국민이어야 한다.
한 국가의 구성원으로서
국가의 정체성에 긍정하여야 한다.

시민이어야 한다.
민주 공화국의 일원으로서
주인 의식을 가져야 한다.

주민이어야 한다.
한 동네의 이웃으로서
공동체 의식을 지녀야 한다.

그리고,
전승자여야 한다.
인류의 일원으로서
지금까지 쌓아 온 인류의 업적을
오늘에 발전시켜
미래의 인류에게 전해 줘야 한다.

당신은 지금
교육받을 자격을 갖추었는가?

📖 교육을 받아야 하는 의무

헌법 제31조는 분명히 말한다. 모든 국민은 능력에 따라 균등하게 교육을 받을 권리를 가진다고. 하지만 현실은 이 선언이 말하는 바를 완전히 구현하지 못한다. 그 간극을 정면으로 응시해 보자. 법으로는 '모든 국민'이라지만, 과연 그 '모든'은 누구인가? 겉으로는 권리지만, 실제로는 자격이 전제된 권리이다. 동전의 양면처럼 숨겨진 개념을 잘 봐야 현명하다. 권리 뒤에 숨겨진 의무를 볼 줄 알아야 한다.

국민이어야 한다. 교육은 한 국가가 보장하는 제도다. 그 제도에 참여하기 위해선, 그 국가의 존재를 인정하고, 그 정체성에 긍정해야 한다. 즉, 국가가 누구를 위해 존재하는지, 그 안에 나도 포함되어 있다는 감각. 단지 법적으로 주민등록번호를 가졌다는 의미가 아니다. 국가가 추구하는 가치, 방향, 책임을 '나도 일부 떠맡겠다'는 암묵적 동의. 그 동의가 없다면, 교육은 타자의 도구화에 불과하다.

시민이어야 한다. 민주공화국의 교육은 지시가 아니라 선택의 결과를 학습한다. 시민이란, 권리를 행사하고 의무를 인식하며 '나도 결정에 참여할 수 있다'는 자각을 가진 존재다. 교육을 받는다는 건, 지식의 소비자가 아니라 지식 공동체의 구성원이 된다는 뜻이다. 시민 의식

없는 학습은 복종이나 암기의 반복일 뿐이다. 교육은 '주인이 되기 위한 수련'이다.

주민이어야 한다. 교육은 추상적이지 않다. 그건 동네에서 벌어지는 일이고, 학교는 언제나 지역의 일부다. 내 옆의 사람과 함께 살아가는 기술, 내가 속한 공동체에 해를 끼치지 않는 법. 이것이 없으면 교육은 지식을 주입하지만, 그 지식은 공동체를 해칠 수도 있다. 공동체 의식은 교육이 향하는 '함께 배움'의 윤리적 기반이다. 배우는 자는 곧 책임지는 자다.

전승자여야 한다. 교육은 단지 '배우는 것'이 아니라, '이어 가는 것'이다. 인류가 쌓아 온 지식과 가치, 문화와 기술은 다음 세대가 계승하지 않으면 사라진다. 학생은 단순히 지식을 획득하는 존재가 아니라, 그 지식을 다음에게 전달할 준비가 된 존재여야 한다. '왜 공부해야 하느냐'는 질문에 "인류의 흐름을 끊지 않기 위해서"라고 답할 수 있는 자. 그가 바로 진짜 교육받을 자격을 갖춘 사람이다. 세계 시민이 될 수 있는 사람이다. 진취적으로 학습할 사람이다.

작가의 말

리얼리더얼_RealIdeal

꾸준하게 공부하는 삶을 살고 있습니다.
처음에는 배우고 익히다가 이제는 가르치고 연구합니다.

처음에 맞이한 공부는 당연히 이상적(Ideal)이었습니다.
공부를 곧잘 했기에 자연히 이상주의자가 되었습니다.

높은 산에 오를수록 발 디딜 땅이 좁아지듯,
관념을 쫓는 공부는 끝내 외로움과 마주했습니다.

높은 곳만 바라보다 다리에 힘이 빠진 사실을 깨닫고 난 후,
공부는 빠르게 현실적(Real)으로 변모했습니다.

산에서 내려올수록 발 디딜 땅 찾기에 혈안이 되듯,
보상을 쫓는 공부는 결국 허망함에 이르렀습니다.

지금은, 두 눈으로는 저 멀리 별을 보고
두 다리로는 바로 여기 이 땅에 서는
현실이상적(RealIdeal) 공부를 하고 있습니다.

공부를 하기 전에
알아야 할 것들

ⓒ 리얼리디얼(RealIdeal), 2025

초판 1쇄 발행 2025년 9월 9일

지은이	리얼리디얼(RealIdeal)
펴낸이	이기봉
편집	좋은땅 편집팀
펴낸곳	도서출판 좋은땅
주소	서울특별시 마포구 양화로12길 26 지월드빌딩 (서교동 395-7)
전화	02)374-8616~7
팩스	02)374-8614
이메일	gworldbook@naver.com
홈페이지	www.g-world.co.kr

ISBN 979-11-388-4684-4 (03190)

- 가격은 뒤표지에 있습니다.
- 이 책은 저작권법에 의하여 보호를 받는 저작물이므로 무단 전재와 복제를 금합니다.
- 파본은 구입하신 서점에서 교환해 드립니다.